一读就上瘾的中国史

魏晋南北朝

铲史官 著

浙江人民出版社

图书在版编目（CIP）数据

一读就上瘾的中国史. 魏晋南北朝 / 铲史官著.
杭州：浙江人民出版社，2024. 12. --ISBN 978-7-213-
11724-4

Ⅰ. K209

中国国家版本馆 CIP 数据核字第 2024BG1620 号

一读就上瘾的中国史·魏晋南北朝

YI DU JIU SHANGYIN DE ZHONGGUOSHI · WEIJIN NANBEI CHAO

铲史官 著

出版发行：浙江人民出版社（杭州市拱墅区环城北路 177 号　邮编　310006）
　　　　　市场部电话：（0571）85061682　85176516

责任编辑：祝含瑶

责任校对：何培玉

封面设计：沐希设计

电脑制版：刘龄蔓

印　　刷：三河市中晟雅豪印务有限公司

开　　本：880 毫米 × 1230 毫米 1/32

印　　张：11.625

字　　数：138 千字

版　　次：2024 年 12 月第 1 版

印　　次：2024 年 12 月第 1 次印刷

书　　号：ISBN 978-7-213-11724-4

定　　价：59.80 元

如发现印装质量问题，影响阅读，请与市场部联系调换。

质量投诉电话：010-82069336

目录

第一部分　魏晋

第二部分　南朝

第三部分 十六国及北朝

第一部分 魏晋

第一章

曹魏：从手握重权到禅位让国

正始十年（249）正月初六，司马懿趁曹爽等人陪皇帝祭拜高平陵时发动政变。一天之内，朝中半数名士被杀，还有不少被夷三族。多大仇多大怨，才会让司马懿做出这种震惊朝野的事？这要从曹魏建国说起。

我做了一辈子别人的手中刀，这一次，我是执刀人！

司马懿

玺绶何在？

曹彰

曹丕

魏王曹操

父王啊……

29 年前，公元 220 年的正月，曹操在洛阳去世。

消息还没对外公开，法定继承人曹丕也还没来得及有所动作，他同父同母的弟弟曹彰就来要先王玺绶，隐约有取代之心了。

虽然重臣贾逵阻止了曹彰，认为魏王玺绶何在，不是他曹彰该过问的事，暂时制止了内讧，但曹操去世的消息公布后，军中大乱，青州兵更是索性一走了之。

散伙！

煮豆持作羹，漉菽以为汁。
萁在釜下燃，豆在釜中泣。
本自同根生，相煎何太急？

局势不稳，曹丕只好在一天内仓促继承魏王位。后来曹丕称帝，传说曾让最大的政敌曹植在七步内写完一首诗，不然就杀了他。

曹植

曹丕

念得好，下次不要念了。

在发现曹彰似乎也有问鼎之心后，曹丕对所有宗室都很防备，即位后立刻要求他们返回封地；称帝后更是一改宗室政策，"以县为国"，缩小宗室封地范围，未经允许不准觐见，封地内配以老弱残兵，甚至还有使者时刻监视……

宗室王爷

老哥儿几个盯紧点……

后世因此说曹丕心胸狭窄，苛责宗室，但其实"藩王无诏令，不得入京觐见"的政策，早在曹操那会儿就定下来了。

原因无他，西汉七国之乱，东汉袁绍、刘表身后诸子相争，以至于王业颠覆的前车之鉴，让曹操不得不防。曹丕只是将曹操的理念加以实施罢了。

进城！

城破   皇帝

宗室王爷

但这样的防备，显然会让宗室离心。宗室离了心，靠不住。朝臣呢？朝臣更加靠不住。东汉以来，豪强干政已成普遍现象，世家的复杂人脉也让唯才是举落不到实处。为了匡正这种不良风气，曹丕决定让尚书令陈群起草九品中正制，尽量给寒门人士平等做官的权利。

打击豪强！

曹丕

陈群

曹丕本意，是想避免"举秀才，不知书；举孝廉，父别居"的舞弊现象，但可惜的是，各州郡的中正往往由当地世家大族担任，他们推举的，不是族中子弟，就是和自身门第相当的其他世家大族。

所谓"人才调查表"，不但早成一纸空言，还造成了魏晋时"上品无寒门，下品无势族"的结果。

全是关系户！

颍川荀氏、颍川钟氏、颍川陈氏……

只是此时的曹丕，面对复杂的政治局面，只能选择与世家妥协。九品中正制虽然不能达到预想的效果，但也只好缓缓推进下去了。

先推进吧！

曹丕

曹丕去世后，魏明帝曹叡继承遗志，想继续打压世家势力，然而第一个棘手对象就是司马懿。曹魏开国十余年，内忧不断，外患更是频繁，很多战事都要靠司马懿出马。在剿灭公孙氏、解决困扰曹魏多年的"辽东问题"后，司马懿在朝中声望再次提升，成为后来魏晋禅代过程中的一个隐患。

公孙氏

还是得靠我……

司马懿

曹叡不是没有感觉到司马懿权势过大，也动过想再次重用宗室的念头，但一方面，嫌隙仍在；另一方面，曹植郁郁过世，宗室中可用之人不多，此事只好不了了之。

退而求其次，曹叡转而打压世家子弟以及与之交游的青年士子们。他于太和六年（232年，一说青龙年间）下诏，严禁他们参政，接下来的七年里，也不许任何人提拔、举荐他们。其间发生了曹魏年间有名的"浮华案"。这些被罢黜、禁锢的人里，包括司马懿的长子司马师，这又成了后来魏晋禅代过程中的另一个隐患。

和他父亲曹丕一样，曹叡总体来说是个有为之君，可惜不到三十六岁便去世了。因为朝中无人能够依靠，几番权衡后，曹叡还是不得不选择让司马懿辅佐幼帝。

大业只能托付给你了。

嗯哼。

曹叡

司马懿

但他为了避免司马懿夺权，同时还安排了宗室曹爽共同辅政。只可惜曹爽才能不算出众，只好找到之前浮华案中被罢黜的一部分士人，要求他们协助执政。这些青年士人都很有政治热情，打算贯彻曹丕、曹叡的理念，改革九品中正制，简机构、省人事，为国家注入活力。这无疑触犯了以司马懿为首的世家利益。

减省人事！力求改革！

何晏

曹爽

夏侯玄

这些世家元老政治经验非常丰富，并没有和这些年轻人起正面冲突。他们一方面称病辞职，另一方面却在暗中豢养死士，伺机行事，并到处散播谤书，在舆论上攻击曹爽一党。

外界局势原本已很紧张，谁知道曹爽一党内部也出了问题。他们虽然有心改革，但毕竟经验不足，很多细节没考虑到位，常常朝令夕改。

加上私生活不够检点，曹爽还纳了曹叡的妃嫔，人们对此非常不满，形势自然也逐渐偏向司马懿一方了。

正始十年（249）正月初六，准备已久的司马懿诸人，趁曹爽等人陪皇帝曹芳祭拜高平陵时发动政变。曹爽一党的核心人物，全都被夷三族。与此同时，大权落入司马家之手，以至于西晋准备修曹魏史书时，曾想把这一年定为曹魏终结之年。

但此时朝中依然有忠于曹魏的臣子。比如"淮南一叛"的王凌，他在听说司马懿诛杀曹爽后起兵，后来兵败自尽。

唉，我就没能清君侧……

王凌

而另一些人，则看到了"曹魏不继，强者为尊"的可能。因此王凌之后，正元二年（255），镇东将军毌丘俭、扬州刺史文钦反；甘露二年（257），征东大将军诸葛诞反。这几场战事影响广泛，史称"淮南三叛"，司马懿、司马师、司马昭分别出征。

司马师

司马师在平定第二次淮南叛乱过程中身亡，司马昭匆忙掌权，但因名望不及父兄，让性情刚硬的高贵乡公曹髦看到了打压司马家的机会。他打算发动政变，却因部署不周，被司马昭的臣下刺杀。

> 宁为玉碎！

曹髦

> 流水的皇帝，铁打的司马。

司马师

司马昭

虽然后来司马昭又改立常道乡公曹奂为帝，但从正元元年（254）司马师废曹芳，改迎高贵乡公曹髦开始，到曹髦死于臣子之手，曹魏其实已经名存实亡了。

只是以下克上，天子被杀，毕竟为道德仁义所不容，所以司马昭承受了极大的舆论压力。朝中大臣也由此分成"保魏派"和"拥晋派"，争执不断。

拥晋派 VS 保魏派

在野的名士也同样意见不一，很多对司马家采取了不合作的态度。为首之人，便是名士嵇康。嵇康是曹魏的皇亲国戚，在士人中又很有影响力，加上他性格刚直，我行我素，更是让司马昭忌惮。景元三年（262，一作景元四年），嵇康被司马昭抓到把柄，就被赐死。三千太学生为其请命，而司马昭不许。

不要杀！

不要杀！

嵇康

《广陵散》于今绝矣！

嵇康之死，是司马昭杀鸡儆猴之举，因此他被杀后，朝中风气为之一变。曹爽执政的时候，"清谈"还延续了些许东汉遗风，以玄学为根基，目的依然是为政、为名。但嵇康被杀之后，大家都不敢借清谈阐述政事，从此清谈便渐渐成为形而上的哲学探讨，也就是后世熟知的"魏晋清谈"了。

　　司马昭当然希望看到这样的景象。但大家闭口不谈政治，不代表真的拥护他。要稳固权力，顺利代魏，司马昭还需要建立更多功勋。于是他想到了伐蜀。

伐蜀！

杀皇帝，不忠！

司马昭

伐蜀，曹爽一党也曾有过类似想法，但失败了。这很正常，因为蜀汉凭借天险与曹魏对峙多年，就连拥有多年作战经验的司马懿，也只能与之对峙，而不能攻灭，所以后来曹魏上下对伐蜀也不那么热衷了。

拖吧，也只能拖了。

司马懿

蜀汉

曹魏

更何况司马昭伐蜀是为了巩固权力，并不是因为伐蜀时机真的成熟，所以朝臣纷纷反对，只有跟随司马兄弟多年的"老人"钟会赞同。伐蜀一事，自然也落在他的头上。

不可伐蜀！

我支持伐蜀！

司马昭

钟会

作为司马昭唯一的支持者，钟会肩负着巨大压力，情绪也十分焦虑狂躁。有人在前开道，仅仅因为马蹄陷入桥板洞中这样一个小小的、非人为的过失，钟会就杀了他。

开道竟然让马蹄陷入桥板洞里了！杀！

有点过分吧！

而在成功灭蜀之后，面对将要见到的司马昭，钟会也没有喜悦。想起历朝开国功臣功高震主的下场，他反而觉得自己即将性命不保，竟联合蜀国的姜维，一起叛变曹魏了。

事成，可得天下；不成，退保蜀汉，可当刘备！

姜维

钟会

这不好吧！

拉倒吧！你咋想的路人皆知。

曹奂

司马昭

面对昔日忠臣好友的反叛，司马昭内心作何感想？史册之下，已经无从知晓。唯一可以知道的是，司马昭从蜀地归来后，加快了逼迫魏元帝曹奂禅让的步伐。

然而即便各方劝进——劝进文还是竹林七贤之一的阮籍文不加点、一气呵成的——司马昭依然没等到登基为帝的那一天。就在钟会身死的第二年，司马昭也去世了。他把魏晋禅代之际的复杂局面，留给了自己的儿子司马炎。所以西晋开国，面临的就是极其复杂的党派纷争，一如曹魏当年。

阮籍

司马懿实力上位史

东汉光和二年（179），河内郡温县孝敬里西（今河南温县西南）的一座深宅大院里，一个叫司马防的年轻官员在书房里焦灼徘徊，无心看书，因为他的夫人快要生二胎了。

※ 为方便展示，本书漫画中出现的书籍形式多为线装书，但历史上魏晋南北朝时期的书籍主要为竹简或卷轴形式。特此说明。

司马防给这个新生的婴儿取名"懿",依其兄"伯达"(司马朗)之字,取字"仲达"。和司马懿出生时间相近的三国名人,有庞统、法正。

庞统　司马懿　法正

司马懿生来聪明颖悟,刚刚咿呀学语,父亲司马防就聘请了乡内知名的塾师,日日教习功课,并常常带他到自己的书房,给他讲述《汉书》。

来,小鬼头,跟我读书。

司马防　司马懿

温县地处中原腹地，紧邻黄河。少年司马懿有时会悄悄溜出家门，逃避无休止的诵书，去参与儿童间的嬉闹。这时的司马懿无忧无虑，与后来曹操口中有狼顾之相的野心家大相径庭。

少年司马懿

管他什么祖国花朵，我们来玩"狼人杀"吧。

铲史官

"狼顾之相"语出《史记》。据学者考证，司马懿有狼顾之相这条记录的史料价值不高，很可能是晋代史官虚构的。

司马懿十一岁那年（189），董卓领兵进入京都洛阳，擅行废立，引发了关东诸侯的讨伐。次年，司马防让长子司马朗率家属返回温县，而自己孤身随董卓西去长安。

司马朗在摆脱董卓的控制后，返回乡里，率家族众人到外地避难，数年后才返回故里。战乱灾荒，生灵涂炭，少年司马懿目睹乱世离情，树立了匡国济民的志向。

我相信有那么一天，大家都会有饭吃。

说得好！可那一天不会是今天，公子，您先好心施舍我一点呗。

青年司马懿

乞讨

那位小伙子！我看你骨骼清奇！

杨俊

　　转眼间司马懿十七岁了，长成了一个魁梧的青年，且满腹经纶。河内有一个叫杨俊的人，他善于看人，认为司马懿非同寻常。

经过杨俊的点评（点赞）后，司马懿在乡里就是一个人物了。随后，二十岁的司马懿又得到天下名士崔琰的赏识。崔琰出身望族，长期负责察举事宜（民间组织部部长），一句顶他人一万句。

你弟弟骨骼清奇，今后必成大器，你拍马屁都赶不上。

呵呵，你这人忒不会聊天……

崔琰

司马朗

哈哈哈，您讲的这个笑话好好笑，我的拐杖都快笑出声了。

小伙子，听说你很厉害，要不要跟我混？

曹洪

司马懿

司马懿得到崔琰的揄扬，声名更盛，很快就超过了成名更早的哥哥司马朗。曹操的堂弟曹洪觉得自己没文化，听说司马懿很牛，便想请他来帮忙，结果遭到他的鄙视。

据《魏略》记载，曹洪记恨司马懿，去跟时任司空的曹操打小报告。曹操征召司马懿，二十九岁的司马懿立刻扔了装病用的拐杖去见曹操，表示将为其效命，渴望建功立业的形象跃然纸上。

就在司马懿被曹操征辟的这一年，他的长子司马师出生，时隔三年，次子司马昭出生。

你就是我弟？

咿咿呀呀……

名片→

司马师

司马昭

从司马师出生的年份推断，司马懿结婚应该比较晚。他的夫人是同郡县令之女张春华，和司马懿勉强算是门当户对，《晋书》说她年少时便德行好、见识广、聪慧过人。

我考考你，答对了才能洞房。

妥妥的！

什么井无水？

陷阱。承让了，洞房吧。

张春华

司马懿

几年光景倏忽而过，司马懿已升任丞相主簿。他虽然年轻，却处事谨慎，待人谦让。《晋书》记载，曹操逐渐察觉司马懿"有雄豪志"，心里很忌讳。

仲达不是甘为臣下的人，你要小心，不要大意了。

曹操

老爸，你想多了，他不是这样的人。

曹丕

警告

志在天下

当我们吃素的啊。

荀彧

曹操猜忌司马懿这个事可能是杜撰的，因为当时的司马懿才三十岁，曹操帐下谋士如云，和荀彧、郭嘉相比，司马懿可以说是年少名微，曹操没有理由猜忌他。

我错了，你们厉害，行了吧。

房玄龄

编纂《晋书》→

建安二十年（215），曹操征讨汉中的张鲁，三十六岁的司马懿随军出征。十一月，张鲁兵败，司马懿向曹操建议，应该乘胜继续陈兵汉中，可惜没有被采纳。

人心不足，得陇望蜀。

趁刘备初代刘璋，蜀人心未附，宜远征江陵。

曹操

司马懿

孙权这小子打的什么主意？

妥妥的！

孙权

曹操

接着，司马懿又随曹操讨伐孙权，孙权战败。回军以后，孙权派使者上表向曹操称臣，说汉室国运将尽，天命当归于曹氏。

建安二十一年（216），曹操进封魏王。曹丕和曹植开始争世子之位，曹操本人比较偏爱曹植，但曹丕是长子，于是矛盾就来了。司马懿也卷入了这场争斗之中。

子建（曹植）恃才傲物，率性行事，将军当扬长避短，崇仁德气度。

仲达有何良策？

司马懿

曹丕

陈群
司马懿
吴质
朱铄

曹丕四大心腹

最后，曹丕赢了，被曹操立为王太子，司马懿升为太子中庶子（顾问），辅佐曹丕。"每与大谋，辄有奇策"，司马懿遂为曹丕所信重，成为曹丕的四大心腹之一。

不久，司马懿转为军司马。据《晋书》记载，司马懿向曹操建议屯田解决粮食问题，得到曹操的采纳，实现了国家费用丰足。

说得好，说得妙，说得呱呱叫！

虽然战事未停，但应该一边耕种一边守备！

曹操

司马懿

绝对没事儿的。

大王不要乱保证！

司马懿又向曹操提议，荆州刺史胡修粗暴，南乡太守傅方骄奢，都不应驻守边防，曹操未予重视。不过事态的发展，很快就验证了司马懿的先见之明。

当时刘备取了汉中，孙权眼红也想打合肥，曹操的大部队被逼调到淮南防备孙权，就在这时，关羽率主力北攻荆襄，水淹于禁七军，斩庞德，还围了曹仁。胡、傅二人果然乘机降蜀。

水淹七军

兄弟们，就此别过了！此生不枉与君识，来世还做好兄弟！

关羽军

于禁

别！ 别！ 别！

此后，关羽声势"威震华夏"，因汉献帝刘协在许县，距樊城很近，曹操感受到威胁，为避关羽锋芒，准备迁都黄河以北，又被司马懿等人及时劝住，理由有三：

1. 于禁七军被淹，无关大局；
2. 轻率迁都，将引发人心动荡；
3. 关羽坐大，孙权必不高兴，他会牵制关羽。

司马懿

曹操听从了司马懿的建议，派徐晃前去增援樊城，东吴的吕蒙又偷袭荆州，关羽腹背受敌，兵败被杀。

关羽

当啷！！！

杀我者，司马懿！

——关羽

太史官

此战不仅解除了樊城之围，侧面阻击了诸葛亮北伐，更重要的是破坏了孙、刘联盟，改变了当时的战略格局，使曹操掌握了主动权。

之后，曹操认为荆州遗民及在颍川屯田的军民靠近吴蜀，想把他们迁走。司马懿认为此举不妥，曹操听了他的建议，没有移民。后来，逃亡的百姓果然都回来了。

大王，恕我直言，关羽新破，如将良民北迁，会使很多逃离战场的人不敢回来。您做一个爱民的大王吧。

说得好，说得妙，说得呱呱叫！

司马懿

曹操

延康元年（220），曹操去世，大家都担心将会出现危险的局势。司马懿管理丧葬诸事，奉灵柩回邺城安葬，帮曹丕稳住了局面。

有我在，殿下莫慌。

司马懿

曹丕

同年，曹丕即魏王位，司马懿受封河津亭侯，转丞相长史。当时孙权正率军向西，朝臣们认为无法抵挡孙权，应该放弃襄、樊，司马懿表示反对，曹丕未听从。结果，孙权压根儿就没想过要取襄、樊，曹丕悔之不及。

来自孙权的神秘微笑

同年，曹丕想取代汉献帝，让司马懿具体策划曹魏代汉事务。在司马懿的精心辅佐下，曹丕受汉献帝禅让，登基称帝。司马懿升为尚书，封安国乡侯。

剪切
Ctrl+X

刘协

粘贴
Ctrl+V

曹丕

史上含金量最高的剪切粘贴

从此，司马懿成为曹魏的股肱之臣，开始真正的功业生涯：辅政平乱、擒斩孟达、抗蜀北伐、对阵五丈原、平定辽东、明帝托孤、退敌征吴……

司马懿

这是属于我的时代。

第二章

西晋：一统天下，却迅速灭亡

司马炎代魏称帝，建立了西晋，是为晋武帝。在位初期，他革新政治，使经济社会呈现繁荣景象，史称"太康之治"。咸宁五年（279），司马炎发动"晋灭吴之战"，实现全国统一。由于立储不慎，西晋享国才短短五十一年。一个朝代要完，要么是因为内乱爆发，要么是因为外族入侵，而西晋，因为皇位继承人的问题，先是引发内乱，继而被外族入侵。今天我们就来扒一扒这个奇葩朝代。

大概这么短。

小受

引发西晋崩盘的是一个
傻皇帝——**晋惠帝司马衷**。
关于他，历史上有一个很著
名的真段子：**何不食肉糜**。

司马衷

古有何不食肉糜。
今有何不喝热水。

司马衷上位，老爸晋武帝司马炎其实是经过了一番激烈的心理斗争
的，毕竟他有 26 个儿子，大多相貌堂堂、智商出众。

言重了我的儿。

司马炎

厉害了我的爸。

司马衷

2 15 3 26 4

司马炎跟第一任皇后杨艳共生育了三子三女（长子早夭，老二司马衷遂成嫡长子），他提出想换太子的想法后，杨皇后大吃一惊。

杨艳：立嫡以长不以贤，岂可动乎！

护史官：依照封建宗法制，皇后说得很在理。继承人制度是立国之本，岂可轻易动摇？如果改成立贤，内乱风险的确太大。

司马衷的儿子司马遹聪明伶俐，很有潜质，也为他加了一分。

《晋书》记载，司马炎焦虑太子不懂事，把自己宠幸过的谢才人送到太子宫中。而这位谢才人，很快就怀了司马遹。

谢才人

啊，这心跳的感觉！

司马衷

傻儿子当皇帝未必一定会亡国，但要命的是，司马炎给儿子娶了一房好媳妇——贾南风。

此处震惊无法描述。

小柔

司马炎为什么给儿子安排了这么一个善妒而有野心的丑太子妃呢?

护史官

因为贾南风的父亲贾充,曾帮助司马家上位,掌握西晋朝廷的兵权,司马炎认为这是儿子将来的保障。

贾南风丑是丑,但有主见。扶太子上位,贾南风助了一臂之力。有一次,司马炎想考察太子的理政能力,出问题让其作答。贾南风赶紧找枪手,写上一堆华丽的文字典故。

何事惊慌

你看你,都慌成黄果树大瀑布了。

冷静,冷静,先来吃个鸡腿吧。

太监

贾南风

一个太监提醒她说，太子学习不好，引经据典肯定会被看穿。不如就事论事，简单写点判断意见。贾南风就让他人打草稿，太子照抄。武帝阅后龙心甚慰。

为了皇权稳固，司马炎还另外布下了棋子。除了贾充，又内封外戚杨骏、汝南王司马亮掌权，外封宗室为王带兵。中央的三位互相牵制，若出现意外，分封的宗室可入朝拱卫。

人算不如天算，在老皇帝司马炎去世之前，掌握兵权的贾充先死了！内部三环崩塌，带来权力的失衡。司马炎一死，杨骏立刻矫诏夺权，追杀汝南王司马亮。

傻傻拎不清的司马衷无法行使皇权，先是被老婆牵着鼻子走，后来又被地方诸王作为争权的令箭傀儡，"八王之乱"由此爆发，西晋灭亡的大幕正式拉开。

铲史官

西晋灭亡第一幕：外戚落幕

贾南风的权力欲极强，看到上届外戚杨骏如此嚣张，于是策动楚王司马玮（司马衷的五弟）进京，让皇帝稀里糊涂签下诏书把杨骏给废了。

哥，　废了他！

司马玮

接着，贾南风挑动司马玮杀掉老王爷司马亮，再以滥杀之名处死了司马玮。八王没了两王。

哥，

接着废。

当家的，这次废他。

不。

贾南风

司马玮

西晋灭亡第二幕：皇后专权

掌握了皇帝，就掌握了权力。西晋进入皇后专权时代。

颜即天理！颜即正义！
颜即一切！

贾南风

过了几年，考虑到太子司马遹非亲生，贾南风便诬蔑太子谋反，将其废为庶人，傻傻的司马衷居然同意了她的意见。

欸？废俺？父皇是不是脑袋进水了？

司马遹

我觉得父皇可以去一下四川的深山密林，和大熊猫玩玩摔跤。

048

贾后废太子，这下算捅了马蜂窝！在之前的内乱中，宗室诸王已经见识到贾南风的手段，正愁没办法报复。赵王司马伦火上浇油，趁机挑拨贾南风杀掉司马遹。

接着，司马伦又假造诏书，以谋害太子的罪名要废掉贾南风，贾南风求助司马衷，但无济于事。

西晋灭亡第三幕：八王落幕

　　赐死贾南风之后，赵王司马伦开始动歪心思，决定篡位自立，尊司马衷为太上皇。

司马伦废掉晋惠帝的行为，引起了其他宗室的强烈不满。齐王司马冏、河间王司马颙、成都王司马颖打着给晋惠帝复位的旗号，举兵讨伐司马伦。

关怀的眼神

司马伦败亡后，晋惠帝复位，但永远成了傀儡。诸王又围绕谁是继承人的问题，开始了新一轮混战，长沙王司马乂、东海王司马越加入队列。八王登场完毕。

东海王司马越熬到了最后，晋惠帝死后（据传被司马越毒死），他立皇太弟司马炽为帝，是为晋怀帝。怀帝永嘉五年（311），出征讨伐羯族的司马越暴病而亡。八王之中，他是最后一个去地府报到的。

你在皇位上看风景，
看风景的人在远处
看着你的皇位。
你说你瞅我干啥，
他说我瞅你咋地。

司马越　司马炽　司马衷

西晋灭亡最终幕：外族入侵

一轮轮内战，终致西晋生灵涂炭，国力大损。外族蠢蠢欲动，洛阳城外烽烟四起。

在西晋只剩一口气时，匈奴的前赵政权，先后攻灭洛阳、长安，俘虏了苟延残喘的晋怀帝和晋愍帝，结束了西晋最后的痛苦。北方进入十六国的新一轮大混战时代。

与此同时，司马氏的一个旁支——司马睿，在江南地区建立了东晋。中国进入延续二百多年的南北分裂时期，直至隋朝统一。

司马睿

第三章

东晋：偏安江南一隅长达百年

上文讲到，八王之乱后西晋元气大伤，内迁的少数民族乘机举兵，中原的大量百姓与士族开始南渡，没有多少人注意到，南渡的人中有个封号叫琅琊王的人。

司马睿

幸好跑得快，迟一点就被皇兄们干掉了！

几年后，据野史记载，一群自称是刘邦后裔的匈奴人攻入长安，俘虏了西晋的最后一任皇帝晋愍帝，西晋正式宣告灭亡。

　　而身在江南的琅琊王司马睿不仅躲过一劫，还在王导等士族的推戴下，建立了偏安小朝廷，史称东晋。

说起司马睿，大家可能不太熟悉，他老爹是司马家和诸葛家爱情的结晶，说起来他还得叫诸葛亮一声"曾叔外公"。论辈分，司马睿也是西晋开国皇帝司马炎的侄子，但司马炎有 26 个儿子，不管如何排位，都轮不到司马睿当皇帝。

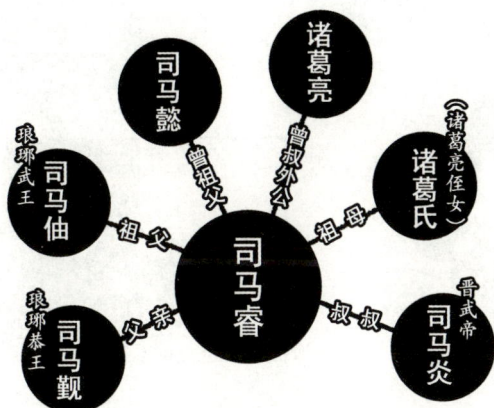

诸葛亮

司马懿　曾祖父

《诸葛亮侄女》诸葛氏

琅琊武王　司马伷　祖父

司马睿　祖母

父亲

琅琊恭王　司马觐

叔叔

晋武帝　司马炎

司马睿的家族树

小爱提问

看来，由司马睿继统晋朝江山，是风云际会的结果。

史史官

是的。因少数民族入主中原导致衣冠南渡，南渡的士族需要一个人来统合，以维持残山剩水，再伺机光复河山。司马睿捡漏了。

是以，东晋一百余年就干两件事：第一是皇帝与士族抗争，第二是南方与北方抗争。最后，皇帝与士族让生于寻常巷陌的刘裕给一锅端了。

一、王与马共天下

东晋初年，江南民间有民谣说："王与马，共天下。"其中，"王"是指南渡的琅琊士族王导、王敦兄弟，"马"是指晋元帝司马睿。"共天下"是指政策出于王氏，司马睿垂拱而治。

来，一起挤挤。

天无二日，礼数还是不能乱。

司马睿

王导

早年间，王导、王敦兄弟拥戴司马睿，初到江南，万事草创，江南士族对于这位晋室远宗，大多持观望的态度。

司马老儿之前老搞我们！

血统也不够纯，感觉蹦跶不了几下！

江南士族甲

江南士族乙

王导为此做了三件事：

1. 建议司马睿礼贤下士

其实就是让司马睿与江南大族和解。司马睿接受了王导的建议，为此，王导亲自去拜访顾荣、贺循这两位南方士族的代表人物。

这绝对是风投界最令人期待的独角兽，我王导投了。

王老都投了，我们还等啥。

2. 抬高司马睿的地位

上巳节（三月三）出游时，王导特别安排司马睿坐轿，自己、王敦等骑马跟从，顾荣从门缝里望见王氏兄弟如此抬举司马睿，赶紧出来拜见。

这可是琅琊王氏的吉祥物啊！

顾荣

3. 学吴语、联姻，主动融入江南

说着河洛正音的王导，不仅放下身段学吴侬软语，还主动向江南陆氏请结婚姻之好。

臭草和香草能放一起吗？

王导

陆玩

琅琊乡下人岂能和江南贵族比？

正是王氏兄弟的竭力拥戴，弥合了南北士族之间的紧张关系，司马睿才坐上了偏安的皇位。虽然对王氏兄弟心怀感恩，但司马睿作为一位想政由己出的君主，对王敦总征讨、王导专机政的局面，怀有"畏而恶之"的复杂心情。

升米恩，斗米仇。

王导

司马睿

王敦

为此，司马睿采取了一系列措施：起用江南名士（江南名士拒绝掺和），起用北方非王系名士，重用宗室……与此同时，王导逐渐被司马睿疏远，甚至被剥夺了处理实际政务的权力。

刚融完B轮，就要踢开天使投资人？

王导

王敦对于朝廷这些做法自然很不满，但司马睿不但不理王敦，反而任命江南人士都十州军事，名义上是对付北方的石勒，实际上是提防王敦，拱卫京城。

司马睿都做到这个份上了，王敦感觉不动手就会歇菜，于是以清君侧、为王导申冤为名，从武昌举兵，攻进建康（今南京）。

次年，元帝司马睿郁郁而终。王敦攻打建康能够成功，在于司马睿用"小人"治国，引起了南北高门的普遍不满。

但王敦攻入建康后，任由军士胡作非为，且大权独揽，又引发其他士族的普遍不满。结果，王敦也郁郁而终。

又回到当初的起点。

王敦

王氏兄弟之后，庾氏家族、桓氏家族、谢氏家族曾各领风骚于一时。晋成帝时，外戚庾亮当权，猜忌拥兵在外的武将，引发了"苏峻之乱"。为了避免庾氏坐大，皇族又起用桓温来牵制。

一个左正蹬、一个右边腿、一个左刺拳，我全防出去了，却没想到防桓温的偷袭。

庾氏家族

桓温得势后竟然学霍光，废立皇帝，临死前还想让朝廷给自己"加九锡"，于是谢安故意多次修改诏书，拖延至桓温病死。桓温死后，谢安执政。桓温的弟弟桓冲做荆州刺史，与谢安同心拱卫帝室。谢安袭用前辈王导的策略，力求大族间势力平衡，使东晋朝内部出现和睦气象，并在淝水之战中大败前秦苻坚。

小儿辈大破贼。

这就是东晋的门阀政治：皇帝不甘心与士族共天下，又不能不接受这个共治天下的局面；士族主张与皇帝共治天下，但又不允许某个家族独大。

谢安

史官

东晋百年，皇权与士族共天下的局面之所以能维持，还有另外一支政治力量在起着作用。这支力量就是流民。永嘉之乱后，除了衣冠士族南渡外，还陆续有大小宗族南下。他们南来后大多侨居江淮一带，由各个流民领袖控制。

我的家，在中原黄河之上！

郗鉴

流民领袖的杰出代表是郗鉴和祖逖等人，郗鉴将流民迁移到京口（今江苏镇江）等地，后来还牵制王敦叛乱，平衡了士族与皇帝的冲突。

祖逖则统合了长江以北的流民，收复黄河以南大片领土，使后赵石勒不敢南侵。流民领袖与东晋政权若即若离，他们雄踞一方，各行其是，在政治上保留相当大的独立性。同时朝廷对流民组织也抱有防范之心，是以流民领袖很难入主中枢，不能像士族一样主政。

直到东晋后期，桓温的庶子桓玄，乘农民起义之际吞并上游诸藩镇，攻占建康，后来逼晋安帝司马德宗禅位称帝。朝廷失意士人密谋攻桓玄，北府兵将领刘裕一马当先成为领头人。刘裕本是个出身底层、好勇斗狠的赌徒，加入北府军后因作战勇猛而崭露头角。刘裕带领一两千北府兵，一路所向披靡击败桓玄，掌握了东晋政权。

反贼已灭，您自由了！

谢谢！

纵观东晋百年，皇帝垂拱，士族当权，流民出力，门阀政治才能维持。

刘裕

司马德宗

铲史官

二、中原北望无归日

东晋在江南续统的同时，中原地区则陷入分裂混战，黄河流域成为匈奴、羯、鲜卑、氐、羌等五个主要少数民族争雄的战场，其间只有前秦和北魏统一了北方。

史称"十六国"

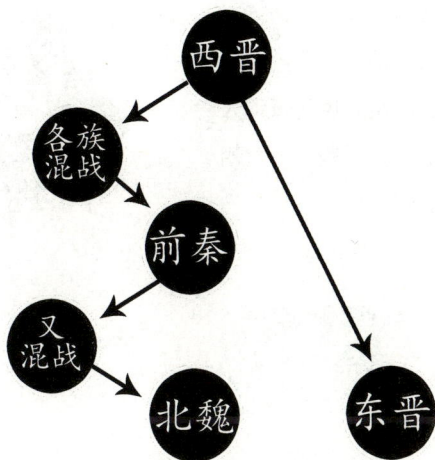

西晋 → 各族混战 → 前秦 → 又混战 → 北魏

西晋 → 东晋

东晋与十六国的两条对比线

中国古代偏安南隅的王朝，多有北伐中原、混一宇内的情结。三国时期，诸葛亮五次北伐，最后星落秋风五丈原，引得后世千秋的无限同情。

再不能临阵讨贼矣，悠悠苍天，曷此其极。

诸葛亮

五丈原

虽然东晋的历代帝王都希望收复北方的国土，但与诸葛亮鞠躬尽瘁、死而后已的纯粹报国情怀不同，他们多少带有一些杂念，用后世南宋词人陈亮的一句词来形容，就是——六朝何事，只成门户私计！

陈亮

小爱提问

这是什么意思？

大意是说，东晋无论是抵御北方少数民族的南征，还是主动北伐，都建立在维护皇权或士族利益的基础上。

铲史官

东晋百余年期间，有几次比较著名的北伐：

1. 祖逖中流击楫

东晋初期，祖逖意图北伐，晋元帝只给予少量军队。祖逖招募流民建立军队，并与当地坞堡合作，最后成功收复黄河以南领土，与后赵石勒隔河相持。

不欠米来不欠债，无亲无故无往来。
我家不是财神庙，为何抢地又抢粮？

石勒
祖逖

中原本是华夏有，敬酒不吃吃罚酒。
山中老虎都见过，难道怕你这条狗。

石勒
祖逖

但晋元帝司马睿担心他威望太高，便派人节制，以致收复河北的计划无疾而终，祖逖忧愤而死，失地得而复失。

闻鸡起舞

鸡是好鸡，可惜了……

祖逖

2. 桓温功败垂成

桓温灭成汉，收蜀地，威名大振。朝廷和其他士族又开始疑惧了，改以殷浩负责北伐，殷浩就是一个"键盘党"，猜忌之下逼反羌将姚襄，被其攻击后灰溜溜下台。

桓温先后发动三次北伐，第一次差点攻入前秦首都长安，第二次打败姚襄收复了洛阳，第三次被前燕猛将慕容垂攻击，功亏一篑。

3. 刘裕金戈铁马

刘裕崛起后，气吞万里如虎，灭南燕，收复青州；灭后秦，收复关中。"生擒数天子"，堪称帝王克星。

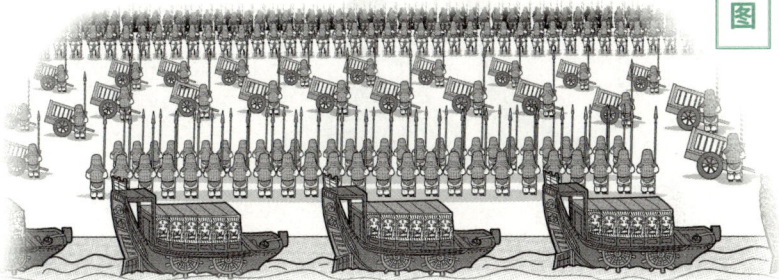

自古有得关中得天下一说，刘裕为了取代晋朝，留十二岁的儿子刘义真和文官武将守长安，自己则出关回彭城，不久留守军内乱，长安被赫连勃勃夺去。

老爸回去干大事了，你先在这里守一下门。

妥妥的。

刘裕

刘义真

熊孩子误我！

刘裕

　　长安虽得而复失，军中良将精兵也损失颇多，但潼关以东和黄河以南、淮水以北以及汉水上游的大片地区仍然由刘裕的重兵扼守。巨大的军功，使刘裕在朝廷的地位显赫无比，他受封为宋公，并受九锡殊礼。

啊——九锡，你比皇帝少一锡……

弓矢 纳陛 衣服 虎贲 朱户 车马 乐县 秬鬯 斧钺

刘裕

封公和加九锡，历史上王莽和曹操都干过。接下来会发生什么，大家都能猜到。

元熙二年（420）六月，刘裕代晋称帝，改国号为"宋"，东晋灭亡，中国从此进入南北朝时期。

护史官

当士族不能照旧当权，司马氏也不能照旧垂拱而居帝位的时候，走到历史前台的流民领袖人物刘裕既抛弃了司马氏，又改变了百年的门阀政治格局，树立了南朝次等士族统治的政治秩序。

宋武帝刘裕波澜壮阔的一生

话说魏晋南北朝乱世是中国历史上"高富帅"大爆发的时代。当时，各路出身高贵的帅哥，召开各种高大上的"文艺沙龙"，喝酒、弹琴、作诗……

兰亭雅集

晋穆帝永和九年
农历三月初三

别上来了，太挤了……

然而在东晋末年，江湖上出现了一位英雄，他不但屡立战功，成为国家的军事统帅，而且两次北伐，最后登基称帝，建立了刘宋王朝。

说起刘裕的身世，与三国的某皇叔倒是有几分相似，往上倒二十代，据说也是汉朝的王爷，而且与皇叔职业相同，是名副其实的"草根"。

关于刘裕的身世，
正统说法是楚元王刘交
（刘邦的四弟）的二十二世孙。
但另一种传说是他原本姓项，
后改姓刘。
刘裕的祖籍彭城（今徐州），
在楚汉之交时先后成为
项羽和刘交的都城。

刘裕身份卑微，还喜欢赌博，到处欠钱。有一次，刘裕输了三万钱还不起，被债主捆在拴马桩上。刘裕受此大辱，决定戒赌，当时正闹农民起义，朝廷在招募军队，刘裕入伍参军，成为一名士兵。

嗨哟——嗨哟——　　　嗨哟——嗨哟——

在那个门阀"高富帅"垄断一切的年代，士兵这种高危职业，或许是草根改变命运的唯一途径。刘裕入伍以后，从一无所有的小兵，到唯我独尊的皇帝，一共分几步？

第一步：从小兵到将军

入伍不久，刘牢之率领北府兵与孙恩的起义军作战。刘牢之派刘裕带几十个弟兄前去侦察，结果迎面撞上数千人的起义军。

刘牢之见刘裕许久没回来，派他儿子前去接应。刘牢之的儿子找到刘裕时，只见他一人持刀对战数千敌军。凭借一发而不可收的洪荒之力，刘裕走出了人生逆袭的第一步，逐渐从士兵升为将军。

第二步：从将军到最高统帅

　　不久后，荆楚"高富帅"桓玄掌握了东晋的朝政大权，不久篡位称帝。刘裕表面上顺从于桓玄，继续追击卢循（孙恩的妹夫）率领的起义军残部，颇有战功，桓玄也很优待他。

刘裕相貌不凡，怕是不愿久居人下，不如尽早让他……

刘皇后

桓玄

桓玄登基后逐渐不得人心，刘裕回到京口后，联合其他各路军事将领密谋复辟东晋。刘裕借口打猎，在京口城外召集部众，第二天城门一打开，他的部下就杀死了桓玄的亲信，控制了京口。

我们接到了皇上的密诏，铲除逆贼，桓玄的头已经挂在桥头上了。

？？？

城门口煎饼摊

火

刘裕

同时，另一位义军将领控制了广陵，并率众与刘裕会合，刘裕被推举为盟主。一日之内丢失两大军事重镇，桓玄逃回荆楚，不久后被诛杀。义军复立了晋安帝。

我投降，我投降……

桓玄

哈哈，
怕了吧?

刘裕

至此，刘裕完成了第二步逆袭目标，在这场对决中，草莽出身的刘裕完胜实力雄厚的"高富帅"桓玄。刘裕也得以成为军队的最高统帅，并掌朝政大权。

第三步：从统帅到皇帝

草根刘裕在完胜豪门"高富帅"后，又将目光对准了北方内迁少数民族的"更高更帅更富们"。当时在北部的中原地区，东晋的主要对手有三个：鲜卑慕容部建立的南燕、鲜卑拓跋部建立的北魏，以及羌人姚氏建立的后秦。

公元 409 年，南燕的大 BOSS 慕容超趁机大肆掠夺淮北，于是刘裕首先将他的"洪荒之力"对准以高大、彪悍著称的鲜卑慕容氏，开始了北伐。

北伐上半场：刘裕 vs 南燕慕容超

义熙五年（409）四月，刘裕开始了第一次北伐，晋军从建康出发，坐船经淮河、泗水到达山东南部。刘裕在派兵留守后，开启了对南燕的攻势。

在晋军与南燕腹地之间，隔着一道屏障，叫大岘（今山东沂山），高七十丈，上有穆陵关，峻狭的地方仅容一车通过。

当时，慕容超的手下建议坚守大岘，然后割光禾苗、迁走百姓，再切断晋军粮道。但是慕容超自负，决定放刘裕进来后再打。

刘裕想打打不了，又没有饭吃，耗过一二十天，您就可以打他了。

公孙五楼

怎么能自己割光禾苗，去向敌人示弱呢？

你没救了……

慕容超

刘裕到达山东后，身边谋士担心南燕坚壁清野，使晋军进退两难。但犀利的刘裕一眼看穿了鲜卑人的弱点——

鲜卑人贪婪成性，一定舍不得割掉自己的禾苗；而且他们认为我们不能长久作战，所以也不会据险而守。我军一旦越过了大岘，将士们就没有退路，战力就会上升。

刘裕

一切都如刘裕所料，大岘无人看守，田野禾苗俱在，晋军可以就地取粮，于是洪荒之力全开，把南燕军队轰杀一通。

你这样儿的……

刘裕

不足为患。

？？？

？？？

慕容超

次年（410）二月，晋军攻下广固城，俘虏了慕容超，灭了南燕国。慕容超被押赴建康斩首。

作为"楼主"，悔不该不听五楼的话。

——慕容超

北伐中场休息

又在我背后捣鬼······

刘裕

正当刘裕在山东大获全胜的时候，原先被他赶到海上的卢循在广州休养了几年后，率军北上，再顺江东下，已经兵临建康。刘裕不得不班师回朝。

刘裕回建康以后，彻底平定了卢循，还诛除了刘毅等国内异己势力，消灭了割据巴蜀的谯蜀政权，政治势力空前壮大。

北伐下半场：刘裕 vs 后秦姚泓

义熙十二年（416），刘裕第二次北伐，目标是割据陕西关中以及河南部分地区的后秦。当时后秦的老皇帝姚兴去世，其子姚泓继位。姚泓和姚恢兄弟俩为了争位杀红了眼，国内大乱。

刘裕令刘穆之留守建康，派龙骧将军王镇恶、冠军将军檀道济为前锋进攻河南，一路所向披靡。由于后秦要分散兵力抵抗赫连勃勃的骚扰，于是晋军水陆并进，势不可当，收复了沦陷 105 年之久的旧都洛阳。

刘裕

哈哈，真是开心呢。

正当刘裕准备进军关中的时候，后秦再次爆发内乱。原本抵御赫连勃勃的姚恢突然枪口对内，姚泓急召各路兵马勤王，姚恢虽败，但是进一步削弱了后秦。

又来了……

姚泓

姚恢

大敌当前，就不能消停会儿？这样搞得我好像身体被掏空……

刘裕亲率水军进入黄河，向北魏借道。可北魏皇帝拓跋嗣娶了姚泓的妹妹西平公主，西平公主天天求拓跋嗣救援后秦，把拓跋嗣烦得不行了。

你要是不去救援……我就去找"经纪人"解决了。

西平公主

拓跋嗣

拓跋嗣为了耳根清净，决定派重兵防守黄河北岸，并派数千骑兵袭扰刘裕的船队。待晋军上岸还击，骑兵便立即跑路，等晋军上船，便又去骚扰，导致晋军水军行进缓慢。

撩完就跑真刺激。

北魏骑兵

刘裕根据对付南燕骑兵的经验，发明了一种"却月阵"，用步兵七百名，战车百辆，在岸边摆成一个新月形战阵。进攻的魏军被却月阵中的铁槊穿成肉串，伤亡惨重，不得不放行。

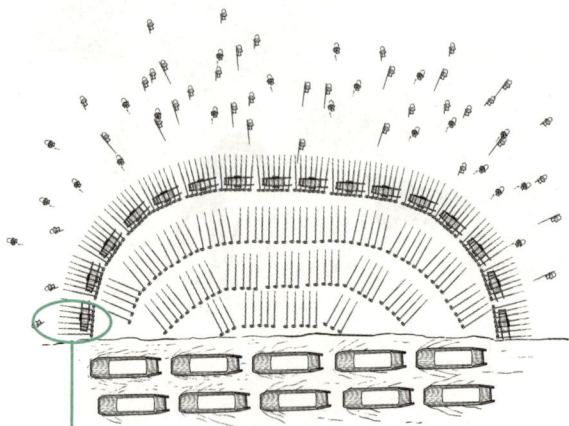

战阵整体示意图

战阵局部示意图

王镇恶率领水军由黄河逆流而上进入渭水，在长安北郊以少胜多，大败秦军，攻占了长安。姚泓投降，被押赴建康斩首，后秦覆灭。

刘裕

哎呀，泓泓，这没啥大不了的，做人最要紧的呢，是开心啰，在另一个世界好好待着吧。

说什么都晚了。

——姚泓

刘裕的这次北伐是魏晋南北朝时期收复失地最多的一次，也成为后世南人北伐的标杆。七百多年后，南宋爱国词人辛弃疾用"气吞万里如虎"来形容刘裕的这次北伐。

可惜没过多久，留守建康的刘穆之去世，大本营空虚无靠，刘裕不得不班师东归，留下年仅十二岁的次子刘义真和王镇恶等将领镇守长安。次年，诸将内讧，关中再次失守。

刘裕回到建康后，凭借北伐军功建立的威望，于公元 420 年篡位称帝，国号为"宋"。两年后，刘裕逝世，享年五十九岁，谥号为宋武帝。

刘裕

终于把心里的这把草拔掉了！

在二十年的军事生涯中，刘裕对内平息叛乱，平定孙恩、卢循起义，消灭桓玄、刘毅等军事集团，对外致力于北伐，伐南燕、灭后秦，完成了从一名普通士兵到名垂青史的军事统帅的伟大逆袭之路。

不但如此，刘裕在执政期间，扭转了魏晋以来门阀"高富帅"们垄断一切的局面，抑制土地兼并，让穷苦百姓得以保住自己的田产；他任人唯贤不唯门第，为出身低微的人才开辟了上升渠道。

寒门的春天来了！

但是，刘裕也存在一些开国君主常有的通病，比如滥杀异己、猜忌功臣、重用宗室。这些弊端在其子孙辈身上一直存在，导致他们树敌过多、自毁长城、宗室叛乱，最终刘宋王朝只存在六十年就覆灭了。

哈哈哈……

刘义真

另外，刘裕唯恐晋朝司马氏复辟，于是将其斩草除根，却使自己的后代自食其果，开启了前朝逊位之主不得善终的怪圈。

人类为何要互相伤害！愿生生世世，再不生帝王家！

刘凖

王莽、曹丕、司马炎都没有加害前代末主噢!

铲史官

王夫之这样评价刘裕:"裕之为功于天下,烈于曹操,而其植人才以赞成其大计,不如操远矣。"(军事功绩胜过曹操,但在用人之道上远不如曹操。)

王夫之

第二部分

南朝

第四章

宋：三个同音字，四代皇帝缘

南宋词人辛弃疾有首词，说的是南朝宋北伐的故事——

想当年，
金戈铁马，
气吞万里如虎。
元嘉草草，
封狼居胥，
赢得仓皇北顾。

辛弃疾

镇江·北固亭

拓跋焘

刘义隆

反杀

宋武帝刘裕领军北伐、收复失地的时候，"气吞万里如虎"。而他的儿子宋文帝刘义隆好大喜功，在元嘉七年（430）三月仓促北伐，反而让北魏太武帝拓跋焘乘机挥师南下。

南朝宋，是南北朝时期南朝的第一个朝代，国祚为五十九年，历四世，共十位皇帝。

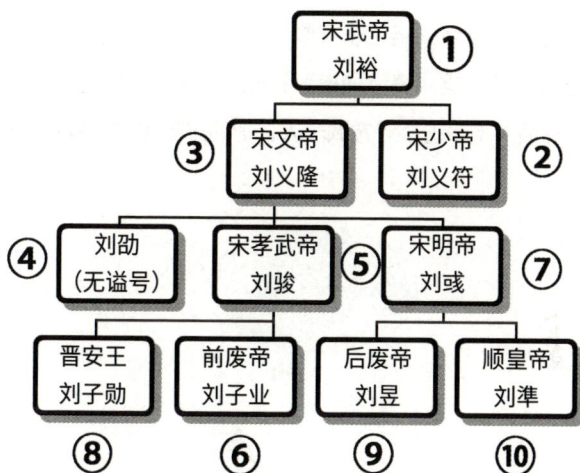

```
                     宋武帝
                     刘裕      ①
                       │
          ┌────────────┴───────────┐
          │                        │
    ③   宋文帝                  宋少帝    ②
        刘义隆                   刘义符
          │
  ┌───────┼───────────┬──────────┐
  │       │           │          │
 ④  刘劭      宋孝武帝    ⑤ 宋明帝   ⑦
    （无谥号）    刘骏          刘彧
          │                     │
  ┌───────┴───┐         ┌───────┴───┐
  │           │         │           │
晋安王      前废帝     后废帝      顺皇帝
刘子勋      刘子业      刘昱       刘準
  ⑧         ⑥          ⑨          ⑩
```

为什么南朝宋出道即巅峰？

这与东晋、南朝之际的政治演变有很大关系。

一、元嘉之治

南朝宋的开国皇帝刘裕生于寻常巷陌，曾经爱玩赌博游戏，但加入北府军后作战骁勇。据《资治通鉴》记载，刘裕平定孙恩之乱时，在随从战死大半的情况下，追杀对方数千人，把前来支援的东晋将领看呆了。

元兴二年（403），权臣桓玄攻入建康，篡晋建楚。

正当举国战战兢兢的时候，刘裕带着一千多人，在京口高举反桓的旗帜，并且打进了建康城，赶跑了桓玄，帮司马氏夺回了帝位。

有"帝"位

就这样，出身贫苦家庭的刘裕南征北讨，平定南方的孙恩、卢循、桓楚、西蜀等势力，使东晋内政统一；又两次北伐，灭了北方的南燕、后秦两国，将东晋的北部防线推到了潼关、黄河一带。

东晋之所以多存活了二十多年，完全是因为刘裕这个天降牛人。

现在，内政和外事整顿得差不多了，晋恭帝司马德文显然没有继续存在的必要了。

强忍泪水

东晋元熙二年（420），刘裕在诸多大臣的反复劝说下，最终"被迫"接受了司马德文的禅让，建立了"宋"，是为宋武帝。

刘裕称帝第三年，打算进行"全国总动员"出征北魏，谁知突然病死了。南朝宋这部60集的连续剧，才播到第3集，主角就去世了。刘裕临终前遗命太子刘义符继位，并为他任命了四位辅政大臣。

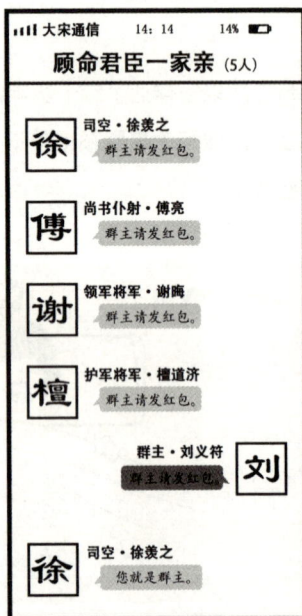

十七岁的刘义符是"地主家的傻儿子"，青春少年，童心未泯，只知道玩耍嬉戏。什么父丧，什么军国大事，都不放在心上；北魏兵犯境，作战失利，他也不管。

刘义符

接着奏乐……

接着舞！

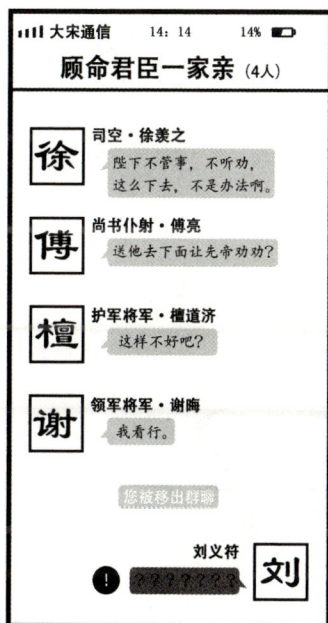

大宋通信　14：14　14%

顾命君臣一家亲 (4人)

徐　司空·徐羡之
陛下不管事，不听劝，这么下去，不是办法啊。

傅　尚书仆射·傅亮
送他去下面让先帝劝劝？

檀　护军将军·檀道济
这样不好吧？

谢　领军将军·谢晦
我看行。

您被移出群聊

刘义符

刘

四位顾命大臣对此深表忧虑。为了保住刘宋得之不易的江山社稷，大臣们经过商议，决定废掉刘义符，拥立刘裕第三子刘义隆为皇帝。

刘义隆即位后，是为宋文帝。他不动声色迅速翦除了四位辅政大臣中的三位权臣，只留下了北府军的名将檀道济。

把权力收回自己手中后，宋文帝赓续了刘裕的治国方略。

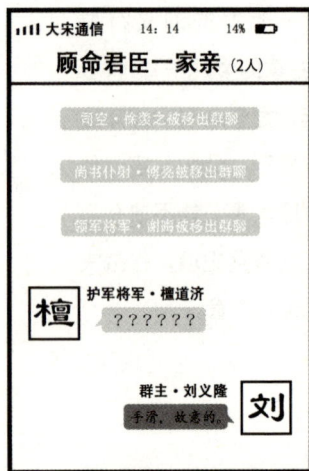

1. 实施土断

所谓"土断"，是相对"侨置"而言。首先是侨置。东晋朝廷曾在南方地广人稀之处设立侨置郡县，让南渡而来的北人集中居住，如山东琅琊人南下，便侨置在南琅琊郡（今南京市栖霞区东）。侨人不入当地户籍，享有免除赋役的优待。

南渡的世家大族在南方发展庄园，竭力吸收部曲（私人武装）、佃客，严重影响了国家的赋税收入。土断，就是把侨置郡县的居民变成土著居民，从而增加政府编户，扩大国家的租税役收入。

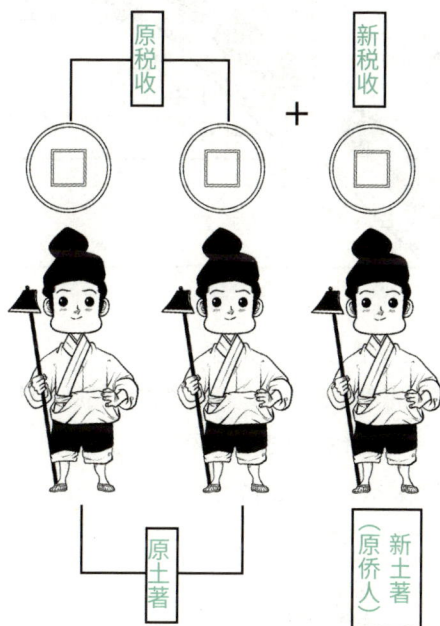

入乡随"赎"

2. 推行策试

东晋承续了魏朝、西晋的九品中正制，州郡所推送秀才、孝廉多依靠门第，从而造成"上品无寒门，下品无士族"的局面。

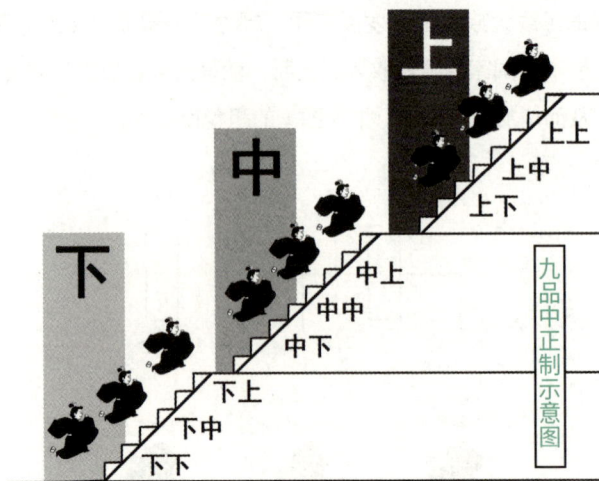

九品中正制示意图

上 上上 上中 上下

中 中上 中中 中下

下 下上 下中 下下

宋文帝延续刘裕制定的秀才、孝廉策试的制度，把决定权更多地集中在朝廷的同时，也限制和打击了门阀和豪强的势力，让寒门有了更多的上升渠道，从而扩大了政权的统治基础。

豪强 门阀 皇帝 寒门

秀才、孝廉策试制度

上升通道

3. 劝课农桑

宋文帝下令酌量减轻百姓欠政府的债务；鼓励百姓开垦荒地，如果缺乏粮食种子，由政府贷给。这一系列措施稳定了自耕小农阶层，使百姓得以休养生息，社会生产有所发展。

所谓"王业不偏安"，南朝宋的局势逐渐稳定后，宋文帝觉得北伐该提上日程了。

当时北方的主要政体是北魏，在位的皇帝是太武帝拓跋焘。两人互相看不顺眼。

来啊，互相伤害啊！

两人虽然互相鄙视，却有很多相似的地方：北魏太武帝在位时间是 423—452 年，宋文帝在位时间是 424—453 年，两人都当了 30 年皇帝。

两人都将国家治理得繁荣富强，达到前所未有的高度。

更巧的是，两人都是 40 多岁时去世，而且死因也相同，都死于宫廷谋杀。

抱头痛哭

三十年间，宋文帝向太武帝发起了三次北伐。

第一次北伐是元嘉七年（430），宋文帝命到彦之率军北伐，到彦之不敌。

虽然有老将檀道济北上救援，二十多天中打了数十场仗，重创敌军，但宋军还是难免惨败的命运，府藏、武库为之一空，损失惨重。

这次北伐值得一提的，还有济南守将萧承之。北魏将领叔孙建进犯济南，萧承之用"空城计"智退敌军（后来他的儿子萧道成代宋建齐）。

第二次北伐，是元嘉二十七年（450），宋文帝觉得经过二十年的休养生息，可以再次北伐了。

南朝宋军分三路进攻北魏。东路军先锋王玄谟是南朝版"赵括"，"战前诸葛亮，战时猪一样"，不断错失战机，最后弃军逃跑。

王玄谟

北定中原！
臣封狼居胥！
陛下封禅泰山！

我热爱和平！

热血！

战前

战时

东路军的败退，影响了整个北伐战局，此后北魏发起全面进攻，刘宋则由全面进攻转为全面防守，被北魏从黄河北岸反打到长江北岸。

魏

如果檀道济还在，怎么会到这个地步？

宋文帝

你说呢……

檀道济墓

墓

第三次北伐是元嘉二十九年（452），宋文帝得知北魏发生政变，于是仓促图谋再次北伐，这次目的是收复河南，结果基本无功而还。

北魏

谢谢你啊，**百忙之中还来伤害我。**

小爱

宋文帝三次北伐为什么都会失败？

铲史官

表面原因是将领指挥失误，更深层的因素是宋文帝是权臣拥立的，他对于将领一直不信任，喜欢遥控指挥。甚至连北府名将檀道济都被他故意冤杀。

二、后元嘉时代

一年后，宋文帝因为不满太子刘劭暗行"巫蛊之事"，想要废黜太子。不料被事先得到消息的刘劭发动兵变反杀，宋文帝便跟太武帝拓跋焘结伴而行了。

听闻哥哥刘劭弑父自立，宋文帝的另一个儿子江州刺史刘骏亲率大军讨伐，历时三个月便攻入京城，诛杀了刘劭并顺利夺取皇位，是为宋孝武帝。

刘骏

诛元凶。

宋孝武帝在位时，整顿吏治，重用寒门，创立"典签"制度。

朝廷为监视出任方镇的诸王，派出天子近侍辅佐，名为"典领文书"，充任典签，因为典签权势很大，故有"签帅"之称。

出任方镇的王爷

不用谢，这是应该的。

典签官

宋孝武帝初期的一番作为，使南朝宋一度呈现中兴局面，甚至还曾多次击败北魏大军，一扫"元嘉北伐"失利以来的颓势。

可惜孝武帝在位晚期耽于享乐，使南朝宋在大好形势下又走向衰败。

有一个小故事反映了孝武帝的奢靡。有一次，孝武帝参观其祖父刘裕住过的旧房子，众人都夸刘裕当年是如何艰苦朴素，而孝武帝却讽刺说——

孝武帝刘骏病逝，太子刘子业继位。刘子业以乱伦残暴闻名于世，是历史上著名的暴君。一上位便干掉了父亲生前偏爱的弟弟刘子鸾。

我才十岁啊！
愿身不复生王家。

刘子鸾

盒饭

桥何奈

刘子业不仅滥杀大臣和手足，还肆意侮辱湘东王刘彧等几个叔父。

因为刘彧比较肥胖，刘子业便称他为"猪王"。忍无可忍的刘彧等人合谋弑杀了刘子业，刘子业也被称为"宋前废帝"。

嘿嘿！
猪王！

刘子业

是可忍，
"叔"不可忍！

刘彧

刘彧杀侄子后自立，是为宋明帝。各地刘姓宗室认为其得位不正，于是纷纷拥立江州刺史刘子勋（刘子业之弟）为皇帝。

刘彧虽然依靠萧道成等武将灭了刘子勋政权，但南朝宋从此在内斗中迅速走向衰弱，给武将萧道成的崛起创造了条件。

终于轮到我上场了！

皇位

武备采购清单

萧道成

萧胖子是个好箭靶，然而一箭将他射杀，后面上哪儿去找这么好的箭靶呢？

你身上有皇帝味，都是肚脐犯了罪……

不如不用响箭。

侍卫

刘昱

刘彧在位六年后病逝，十岁的太子刘昱继位。刘昱此人虽然年龄小，但多疑残暴，看谁都觉得是潜在的威胁。萧道成在家赤膊午睡，刘昱闯了进来，用骲箭（响箭）射中他的肚脐。

萧道成经过这次惊吓后，派亲信收买刘昱的侍从，伺机杀死了刘昱。刘昱也被称为"宋后废帝"。

刘昱死后，萧道成等人迎立安成王刘準（刘昱之弟）为皇帝，是为宋末帝。

当然，刘準虽然名义上是皇帝，但大权基本上都旁落萧道成手中。

继位三年，刘準被迫禅位给萧道成，南朝宋由此灭亡。但宗室相残这个"幽灵"，却依然在南朝的上空徘徊。

萧道成

有"帝"位

"宗室镇要州"拉开的南朝宗室内讧相残的序幕，并没有随着南朝宋的覆亡而终结，而是贯穿南朝始终。

铲史官

第五章

齐：风也萧萧，雨也萧萧

在除掉自己最大的政敌荆州刺史沈攸之与司徒袁粲后，刘宋昇明三年（479）三月，萧道成接受宋顺帝禅让，登基建国，是为齐高帝。

一、宗室之光？宗室之亡

回看夺权经历，与袁粲、沈攸之争锋，萧道成依靠的主要是青徐（青州、徐州）豪族势力。

东汉末年以来，立国、成大事者，几乎都是坐拥兵权的地方豪强，萧道成也是如此。上位者因此难免忌惮地方势力，寄希望于宗室。

私人武装

地方豪强

萧家可以，我为什么不可以？

　　但宗室没有想象中那么可靠。一方面，他们的年纪普遍偏小，甚至有人年仅四岁就已入仕，所以大权一般掌握在军府属吏手中。这显然与宗室出镇，控制地方政权的目的背道而驰。

宗王

要抱抱。

122

另一方面，地方宗室太强，容易反叛中央，所以萧齐继承刘宋旧制，让典签这种职位不高的小官，监察地方宗王、刺史的言行举止。

不过，萧道成此时绝不会想到，这样安排，后来竟成覆灭萧齐的一大"助力"。

二、立储的血雨腥风

地方不安，中央也不太平。太子萧赜和豫章王萧嶷，不断明争暗斗。

萧嶷是萧道成次子，随他南征北战，深受器重。齐国建立后，更是领荆、湘二州刺史，都督八州军事，破例兼顾西南蛮族事务。

一山不容二虎······

除非一公一母。

萧嶷

萧赜

和他相比，萧赜在某些方面就有些不够看了。

《魏书》记载太子时期的他独断事务，吃穿用度多有僭越，让萧道成很不高兴，便借对萧嶷的宠爱敲打萧赜，甚至还想改立太子。

但考虑到萧齐初建，贸然更换继承人，恐怕引起政局不稳，这才作罢。

萧道成

大"橘"为重

"夺嫡"危机给萧赜带来了心理阴影。即位后不久，萧赜便赶紧部署，剥夺萧嶷及其支持者的实权。这种压力，甚至让他病倒了。

萧嶷旧部见皇帝健康出了问题，便劝萧嶷夺取皇位，想借机反叛。不料事情被泄漏了出去，这伙人被齐武帝剿灭、清算。萧嶷也只好退出权力中心，与萧赜"和睦相处"。

你们挖的坑，
我来填……

萧嶷

昔日强敌，萧赜怎会轻易相信？

他不但对萧嶷明升暗降，对其他宗室也越发忌惮，让士族、寒人制约宗王，不许他们和外人随意接触，连身边的州府属吏，任命权都在中央，宗王无权过问。

我要……

不，你不要！

宗王

属吏

我想……

不，你不想！

要上吊了，麻烦帮我
踢一下桌子，谢谢。

宗王

典签

至于此时典签的权力，更是快速膨胀。没准儿宗王喝杯水、吃段藕，都要典签同意。

此成惯例之后，到齐明帝萧鸾杀害宗室时，地方上几乎全是典签动手，那些宗王几乎没有一人反抗。

126

除了清理政治对手的旧部、制约宗室，萧赜还对青徐势力痛下杀手，杀了支持萧嶷的垣崇祖和荀伯玉。他们是青徐豪族的代表，也是萧齐建国的主要助力。

萧赜灭此二人，不免让青徐豪族寒心，以至于萧齐后期政局动荡，除了个别旁支宗室，竟无人可以仰仗。

痛击队友

三、永明之治，有钱且闲

尽管如此，萧赜励精图治，在政事上取得了很大成就。

南朝时期，儒学衰落，礼制缺失，萧道成称帝后，大力提倡儒学，尤重孝道。萧赜即位，沿袭萧道成时的政策，继续制定礼乐制度。

此外，他还兴办学校，鼓励农业；定时检查户籍，保证国家税收；同时又减免不合理的税收、款项，调节物价，确保贫困之家有足够的收入维持生活。

在法律方面，他更有建树。东晋年间，朝令夕改，法令不行。刘宋虽有革新，但改动不大。萧道成执政时，决意定律，到萧赜永明年间（483—493），在西晋泰始律法的基础上，朝廷正式启动修律事项。

我看"刑"

泰始律法文辞简单，遇到具体事务时，便难以决断。

《永明律》对此做了调整，想减少官员打擦边球、百姓怨怼的情况。

虽然最后没能成功颁行，但萧梁时期重定《律》《令》，都是在此基础上完成的。

了不起，我的国！

南朝士人

129

此外，登上帝位后，萧道成和萧赜生活都很朴素，万事以富国为先。所以萧赜执政十一年期间，百姓安居乐业，后世将此称为"永明之治"。

四、吏治与文治？二萧之争

然而，天有不测风云，永明十一年（493）正月，文惠太子萧长懋病逝。

作为皇太子，萧长懋为人果断，精通音乐、文学，又一直跟随萧赜处理政务，在朝中很有影响力。如今他猝然离世，国家面临后继无人的危机。

萧长懋

所以爱会消失的，对吧？

萧赜

齐武帝萧赜别无选择，只好立皇太孙萧昭业为储君，命竟陵王萧子良、西昌侯萧鸾辅政。

其中萧子良是齐武帝萧赜次子，曾在其官舍西邸招文学之士，前前后后八十余人入府，最出色的八人，号称"竟陵八友"。其中一人，就是后来的梁武帝萧衍。

不值一提，不值一提。

萧衍

琅琊榜

131

西邸学士在当时，乃至后世，影响都很大。比如沈约撰《四声谱》，周颙等提出声律说，把汉字四声、对偶、平仄等技巧运用到诗歌创作中，堪称革命之举。

某种意义上说，没有萧齐时的创新，就没有唐代近体诗以及诗词格律的出现。

但萧子良并非只问文艺，不管政事之人。

相反，他相当关心国计民生，经常上疏朝廷，请求减税、清理狱囚等，也因此在朝中很有声望。甚至齐武帝萧赜病重，萧子良入殿侍奉时期，有传言说，萧赜会传位于他。

有啥需要尽量讲！

床位有点……

传位？哎呀那怎么好意思！

萧赜

萧子良

可惜的是，萧赜最后依然选了太孙萧昭业，只让萧子良担任顾命大臣，辅佐政事。

也许是怕叔侄相争，政局动荡；也许是觉得萧子良不堪经国吏治。萧子良呼声这么高，齐武帝萧赜依然不选他的原因究竟是什么，如今已无从得知了。

孝到最后，却没有笑到最后。

萧子良

但萧子良一党显然不愿轻易放弃。史书说萧子良从此不理政事，主动提出让权给萧鸾。

可事实上，武帝去世之日，萧子良部下已然矫诏，打算取萧昭业（皇太孙）而代之，只是因为萧衍（后来的梁武帝）极力反对，给了萧鸾反应的时间，事情才不了了之。

萧衍

也因此，萧鸾对萧子良忌惮非常。

萧鸾升任尚书令后，控制住朝廷中枢，把萧子良架空为毫无实权的太傅。

一朝失势，加上谋划废立被萧昭业记恨，萧子良心情抑郁，不久便撒手人寰。

没什么事，我先走了。

ps. 萧衍，为什么要背后捅我刀子？

——萧子良

萧子良偏重文学、佛教，吏才的确不算出众。这也是魏晋以来，公卿名士普遍存在的政治弱点。

他的支持者，大多也是如此，缺乏断事能力，并非治国贤才。

铲史官

反观萧鸾，他依靠的沈文季与陈显达等人，大多有过硬的真才实学，也懂得在仕途上博取机会，因此大多长于吏事。

而萧鸾自己生在军旅，更是如此。这或许也是当时萧衍反对萧子良矫诏即位的原因之一。

不能对强者说不行。

萧子良之墓

五、萧鸾与萧齐时代的终结

话虽如此，但在当时，萧鸾本是旁支宗室，因早年丧父，才被叔父萧道成（齐高帝）抚养长大，和声名远播的萧子良相比，可谓名不正，言不顺。所以在废杀萧昭业称帝之后，齐明帝萧鸾开始了对宗室的残忍屠杀，以免被取代。

尤其到永泰元年（498），萧鸾病重，更打算屠尽萧道成、萧赜子孙，永绝后患。

该年正月丁未，一日之内，十王被杀。之后萧鸾更是让人夜里准备好数十具棺材，打算斩草除根。

只是此时地方谋反，转移了萧鸾的注意力，剩下的宗王才逃出生天。

抛开对宗室的无情镇压，萧鸾其实颇有才能。

他执政公平，依法行事，朝中风气为之一新；生活俭朴，废掉萧颐、萧长懋所造园林，还地于民；采纳朝臣屯田建议，以充军实……诸如此类，堪称"明审有吏才"（精明而有从政能力）。

地表最强！

然而滥杀无辜，毕竟失却民心，所以萧鸾去世时，中央和地方的政局都已经很不稳定。

但萧鸾不觉得自己有错，反而告诫儿子萧宝卷"作事不可在人后"。萧宝卷谨遵父训，即位后再兴杀戮，可谓丧心病狂。

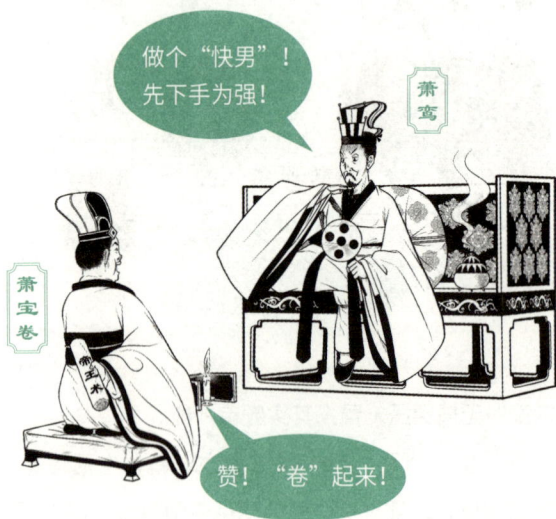

然而，因为萧鸾加强了典签的作用，存活下来的地方宗王摆脱禁锢，纷纷反叛；昔日旧部也看准机会，谋划起兵。

其中一人，便是萧衍。中兴二年（502），齐和帝禅位，萧衍立国，建元天监。一个杀戮的时代，终于结束了。

有"帝"位

138

回看萧齐二十余年历史，杀戮宗室竟成为其时代主旋律。萧道成、萧赜去世前，也曾担忧刘宋的悲剧重演，但因为无法很好地平衡储君与声望响亮的宗王之间的关系，加上继承人猝然离世，旁支宗室上台等不确定因素，萧齐最终不可避免地出现了兄弟相杀的惨剧。

第六章

梁：皇帝无一善终

太清三年（549），八十六岁的梁武帝萧衍饥渴难忍，想要碗蜂蜜水，都没能如愿，不久便饿死宫中。他是南北朝在位最久的皇帝，统治过程中，萧梁国力大增，与东、西魏并呈鼎立之势，但结局却如此凄凉，其间究竟发生了什么？

咯咯……蜜……

萧衍

一、佛系皇帝

天监元年（502），在雍州、荆州次等士族和流民势力及部分萧氏宗室的帮助下，萧衍登基建立萧梁，是为梁武帝。为避免世家掌权、宗室相残的故事重演，萧衍励精图治。于私，生活朴素；于公，勤于政务。

萧衍

一方面，他推崇儒学，不但亲自撰文，参与讨论，还规定不懂儒学者，不得入仕；另一方面，他重修孔庙，兴办学馆，是南朝唯一鼓励州郡立学的皇帝。这种不拘门第、强调学识的选举方式，也是隋唐科举制度的渊源所在。

地方学馆

他还设立谱局，让人修订谱籍，使没落的衣冠旧族也有参政机会；改革九品中正制，检点户口，制定礼乐典章制度；制定《梁律》，允许百姓申诉不公……梁武帝建立了魏晋以来前所未有的盛世，以至于北朝忌惮，担心朝臣南奔。

想起诉的，有冤情的，有感想的，都可以说。

琅琊颜氏

新野庾氏

会稽贺氏

寒门新秀

梁

求天尊赐个国号呗！

萧衍

但就在此时，梁武帝舍道入佛，开始把佛教奉为国教，究其初心，其实是为了国家统治。对梁武帝而言，儒、释、道在治国方面的作用，没有本质区别。他早年信奉道教，甚至国号"梁"，也是道士陶弘景用图谶定下的。

但魏晋南北朝时道教影响太大，经常有人借势叛变，萧衍就有亲人死于道教徒之手。相比起来，佛教强调不杀生，且传播力度不如道教，更有利于统治。所以天监十八年（519），梁武帝舍道，成了一名佛教徒。

在下愿带发修行。

阿弥陀佛……

萧衍

这是梁武帝前期的考量，到了天监后期，梁武帝对佛教已近痴狂。他亲自写经、议论，积极举办法会。据传，中国的"水陆法会""盂兰盆会"等法事仪轨，都是梁武帝首创的。他还颁布了《断酒肉文》，形成中国和尚吃素的习俗。

"每日食素"，你们也是酷酷的素食行者！从此不许吃肉！

梁武帝布施也很慷慨。他修建寺庙，极尽奢华；四次舍身，共奉赎四亿钱。上有所好，下必从之，当时很多王公贵族都信佛，全国共有寺庙 2800 多所，僧尼超 8 万人。"南朝四百八十寺"，相比于当时的真实情况，不值一提。

2800 多所寺庙，8 万多位僧尼

如此狂热，自然有人反对。有人说，佛教徒不事生产，会导致国家税收减少。梁武帝听后大怒，竟逼得他亡命北朝。有鉴于此，很多人认为，梁武帝崇佛是萧梁亡国的主要原因。但魏晋南北朝时，崇佛之人不在少数。

譬如，对萧衍影响很大的萧子良，以佛法关爱民众，获得了很多支持。而梁武帝以儒为本，兼以释、道的治国模式，还是后世制度的重要参考。所以萧梁亡国，主要原因不是佛教，而是储君去世，以及梁武帝自满引发的"侯景之乱"。

二、文学治国

　　萧统是萧衍的长子，非常聪明。他三岁学《论语》，五岁遍读五经，九岁就能给人讲读《孝经》；还编了部《昭明文选》，不但于当时流传很广，到唐宋年间，更是士人必读之书，韩愈、李白、陆游、朱熹等人都深受影响。

　　学而时习之，不亦说乎？

萧统

　　除才学出众之外，萧统为人也很仁孝善良。久雨或积雪天气，他会派人去民间送米送衣；有人去世，没钱入殓，萧统让人置办棺材；身边人犯下无心之过，萧统也能宽则宽。慈悲为怀，没有问题，可作为君主，显然不利统治。

　　开门啦！雪天送温暖了！

譬如，萧统断狱，处置非常宽松，就连拐卖儿童按律当诛的人，他也只是把人贩打了区区四十杖了事。如此作为，必然导致法律松弛。但还没等他称帝，就发生了一件事——普通七年（526），萧统的生母丁贵嫔去世了。

因为丁贵嫔的墓地被认为风水不好，所以萧统听道士的话，用蜡鹅祛祸免灾。梁武帝信奉过道教，知道这种巫术，怕灾祸转移到自己身上，所以非常生气，萧统也因此惊惧不已。中大通三年（531）三月，萧统病逝。消息传出后，朝野震惊，莫不哀恸，号泣满路。

按理说，梁武帝该立萧统的儿子为储君，但出于年纪等多方面考虑，据说梁武帝放弃了不到十五岁的萧欢，改立萧统的同母弟——二十九岁的萧纲为储君。

萧纲和萧统一样爱好文学，曾编过一部《玉台新咏》。这固然有宣扬自己文学主张的意思，但更多的是出于政治考量。古语有言，立嫡以长不以贤，梁武帝改立萧纲，朝中很多人反对，连萧纲的幕僚也劝他主动放弃。

不服！

萧纲

立嫡以长不以贤！

支持长孙！

诸位请上眼。

玉台新咏

宫体艳诗！

所以萧纲想借编纂《玉台新咏》为自己造势。后人说《玉台新咏》是"宫体艳诗"之集合，是因为他们只知道里面描写女人和感情。但其立意没有那么浅薄，除了对"永明体"、诗歌格律的推崇外，这部书堪称诗史。

只知道谈感情！浮浅！

没有格局！

前八卷根据时代顺序编排，后两卷收录魏晋新发展的新诗歌体式七言、五言等。人们之所以觉得这些诗"艳"，是因为萧纲认为，"立身先须谨慎，文章且须放荡"，做人要克己复礼，但写文章，就要坦率言情，勇于表达自我。

做人要礼貌，写文要真诚！

此外，《玉台新咏》吸收了民间乐府诗歌，雅俗共赏。中晚唐时，诗人们据此创新，所谓"唐诗渊源，皆出于此"。话虽这么说，但当时《玉台新咏》对萧纲帮助不大，他和兄弟间因为改立储君而起的矛盾，依然很深。

河中之水向东流
洛阳女儿名莫愁

西园公子名无忌
南国佳人号莫愁

唐诗渊源

三、夺命侯景

梁武帝此时依然手握大权，萧纲没什么表现机会。不过，现在的梁武帝，亲小人，远贤臣，听不进任何批判自己的忠言，甚至还要逐条反驳。这间接导致萧梁后期衰落，常有人起义。

相比而言，梁武帝对宗室异常纵容。出镇州郡，配以精兵，即便犯下大罪，也会宽宥。

譬如六弟萧宏，天监四年（505）北伐，梁武帝让他做统帅，萧宏被暴风雨吓得逃走了，以至于梁军大败，梁武帝却没有问责。

打雷了打雷了！
敌军来了！

萧宏

萧宏和梁武帝的女儿永兴公主私通，打算刺杀梁武帝，失败后，梁武帝竟然也没怎么追究。

他固然是想避免宋、齐两朝发生的宗室子弟自相残杀的悲剧，但无条件纵容，只会适得其反，让宗室觊觎皇权。梁武帝犹自不觉，还决定接纳北朝降将侯景。

等杀了你爹，叔父就立你做皇后！

萧宏

永兴公主

侯景是东魏高欢手下悍将，专制河南十三州之地长达十四年之久。高欢去世前，怕侯景不能制，便诏他回邺城。

侯景怕死，先降西魏，谁知西魏一边接受降表，一边和稀泥。无奈之下，侯景只好南奔萧梁。

> 诏侯景回京！

高欢

梁武帝太清元年（547），降表传到建康。朝中有人认为侯景不可信，但河南十三州诱惑实在太大，梁武帝想一统天下，所以还是接受了降表，并认为自己能制住如婴儿般脆弱的侯景。

> 请接受小人的降表！

> 河南十三州，嘿嘿。

> 嗯。

侯景

降表

萧衍

153

但此时河南地区已被东魏收回，梁武帝再次不顾朝臣反对，同意和东魏议和，用侯景交换被俘的宗室萧渊明。

为保性命，侯景起兵。此时的萧梁早已失去民心，所以侯景竟一呼百应，七个月后便攻入都城建康。

城内饥疫，加上萧纲力主议和，梁武帝只好妥协。听闻消息，前来救援的萧氏子弟纷纷返回本州，谁知侯景不久便毁约攻城，并于太清三年（549）五月，把八十六岁的梁武帝活活饿死。同年萧纲即位，做了侯景手下的傀儡皇帝。

154

四、梦灭南梁

侯景能成事，一半原因是梁朝大多宗室坐观成败，想渔翁得利。萧衍第七子，荆州刺史萧绎便是其中典型。

在梁武帝的后代中，萧绎才能不弱，玄、释双修，推崇儒学，以一己之力编了十卷《金楼子》，还创作了《职贡图》等画作。

萧绎是很有才，可他因为生病，一只眼睛看不见，所以既自傲又自卑。此番变故，他先后杀掉兄弟子侄十余人，斩草除根。

侯景的幕僚王伟讽刺萧绎只有一只眼睛，萧绎便让人把他的舌头钉在柱上，剐肠剖肉，凌迟而死。

项羽重瞳，
尚有乌江之败；
湘东一目，
宁为赤县所归。

杀杀杀！

萧绎心胸狭隘不说，做事还极其反复。当初攻灭宗室，萧绎不惜求援于西魏，可在江陵登基后，他又和东魏结盟，怠慢西魏，以致承圣三年（554），西魏侵国。战报频传，兵临城下时，萧绎竟还在跟文武百官讲《老子》。

　　看到自己必败的结局后，萧绎不做任何努力，一边哀叹"文武之道，今日尽矣"，一边把收藏的十四万册图书全部付之一炬。萧梁焚书，前有侯景之乱时的萧纲，后有江陵城破时的萧绎，造成了严重的文化断层。

萧梁究竟为什么亡国？一部分原因是上位者崇文信佛，心思不在治国上；另一部分原因是魏晋以来，尤其经历过宋、齐的惨淡统治，梁武帝前期的统治，给了朝野很多信心，不免轻视起后三国的局势来。正所谓"生于忧患，死于安乐"，古人诚不我欺。

作为统治者，更应居安思危。在其位，谋其事，如果过分沉迷和治国无关的事物，就会造成"言道而不言事，则无以与世浮沉"的情况，以致政局变乱，社会动荡。这也是萧梁，甚至南唐后主李煜、宋徽宗等人亡国的部分原因。

除了治国，我对什么都感兴趣！

157

而回想侯景破城时，梁武帝说"自我得之，自我失之"，但仔细想想，伤亡惨重，又岂止是兰陵萧氏这些人的损失？数十万百姓，命如草芥，存者百无一二，白骨如山啊。

第七章

陈：商女不知亡国恨

大同十年（544），梁武帝遣将前往镇压交州（今越南北部）叛乱的数万梁军，因进军不顺，卢、孙二将被赐死，其手下哗变围攻广州。危急关头，刺史麾下一名军官挺身而出，率三千武士降服叛军，一战成名。梁武帝闻讯，赞叹不已，命人画下他的相貌，要一睹这位功臣的风采。这位功臣，就是陈霸先。

厉害，霸气！

萧衍

御史官

陈霸先，吴兴郡长城（今浙江长兴）人，本是建康的一名油库小吏。从这个低微的职位看，他当出身江南寒门。后因办事勤勉，被皇族萧映留在身边。后来，萧映任广州刺史，陈霸先随之南下。

自此，寒门素人陈霸先崭露头角，历时三年，平定了交州之乱，成为岭南一方诸侯。这，仅仅是个开始。

一、糟糕的开局

交州平定后不到一年，"侯景之乱"爆发。嗅觉敏锐的陈霸先冲破上司阻拦，打出"勤王"旗号北上，投奔湘东王萧绎（后来的梁元帝），与萧绎麾下宿将王僧辩联手收复故都建康，平定"侯景之乱"，在数年内成长为梁朝核心人物。

陈霸先的人生蒸蒸日上，梁朝江山却已残破：侯景之乱中，建康士族惨遭屠戮；盘踞各地的皇族、军阀各自占山为王；长江上游荆、益等州（今湖北、四川等地），中下游江北淮南，大片领土被西魏、东魏分别侵吞。后来，西魏攻破梁元帝都城江陵，扶持傀儡，俘杀梁元帝。当时，陈霸先的儿子陈昌、侄子陈顼正在梁元帝身边，也被西魏一并掳走，成为日后北周的人质。

160

文武之道，今日尽矣！

萧绎

江陵之祸

"江陵之祸"是一场著名的文化浩劫。江陵城破之际，梁元帝将城中十四万卷藏书焚毁，导致南朝大量典籍湮灭。此举大大削弱了南朝对北方的文化号召力。

铲史官

　　"江陵之祸"致使南朝大位再次虚悬。王僧辩与陈霸先商议，决定扶持梁元帝十三岁的皇子晋安王萧方智登基。这孩子显然只是个傀儡，两位手握重兵的权臣，才是权力游戏的真正玩家。

萧方智

王僧辩

陈霸先

这时，北齐派兵，武装护送质子、梁元帝的堂兄——贞阳侯萧渊明入境，胁迫王僧辩拥立其为皇帝。王僧辩顶不住压力，转而拥戴贞阳侯。这让陈霸先得到了口实，掌握了舆论优势。

陈霸先果断出手，突袭建康，一举击杀王僧辩，正式拥立晋安王萧方智，是为梁敬帝。至此，陈霸先独掌大权，距帝位似乎仅一步之遥。此时距离他北上勤王，仅仅五年。

尽管消除了最大的劲敌，陈霸先面前的不稳定因素仍然很多：很多地区仍处于军阀割据状态，不受朝廷节制。其中，在江南传统经济中心三吴地区的王僧辩旧部率先发难，公然起兵。

旋即，北齐也乘虚而入，联合另一支叛军，一度占据建康外围要塞石头城。陈霸先击退齐军，但仍迫于压力而与北齐缔约，并将侄儿陈昙朗等人送去做人质。

你们就帮你伯父付出一次……

人质

陈霸先

缓解了建康危机，陈霸先专心平定三吴等地叛乱，基本肃清王僧辩旧部。就在此时，仍垂涎江南的北齐撕毁盟约，派十万大军水陆并举而来。陈霸先沉着应对，断敌粮道，大破齐军。胜利让他的个人声望暴涨。就这样，北齐的野心，反沦为陈氏夺取权力的阶梯。

陛下，臣要升职加薪！

萧方智

163

不过，陈霸先接盘的江南，包括三吴地区，已在战火中饱经蹂躏，残破不堪。他急需一块安稳富庶之地支撑财政，遂将目光投向自己的发迹地——岭南。此地正处于他的老上司皇族萧勃控制下。

正巧，萧勃也看陈霸先不爽，起兵反抗，被陈氏轻松灭掉。至此，条件成熟，太平二年（557）十月，陈霸先受禅称帝，建国号"陈"，是为陈武帝。

陈霸先当上了南朝之主，陈氏天下却并不美好，反而危机四伏：极具影响力的士族阶层在"侯景之乱"中大批死亡，侨姓士族几近覆灭，吴姓士族也遭受毁灭性打击；南朝疆域大幅缩水至最低值；大小军阀势力，也仍未肃清。到陈武帝建国前后，湘、郢二州刺史王琳仍在与陈氏为敌。

二、动荡的"小康"

　　陈霸先登基之前两个月，便曾出兵征讨王琳。可等他坐上龙椅，却得到了王琳在郢州拥立永嘉王萧庄为帝的消息。一时间，部分中间势力开始摇摆，甚至导致陈武帝爱将被杀。困境中，陈武帝于一年后（559）驾崩了。此时，陈霸先嫡子衡阳王陈昌，还在北周做人质。

陈霸先

陈昌

北齐

为了爹，儿子，你就当一回人质！

危急关头，在一些大臣拥戴下，皇侄临川王陈蒨紧急即位，是为陈文帝。于是，两个问题就摆在了这位新皇帝面前：第一，王琳叛军；第二，皇位合法性问题。

陈蒨

皇位合法性报告

王琳军情报告

真让人头秃！

好在陈文帝即位次年，与王琳军在芜湖展开决战时陈军取得大捷，彻底摧毁其主力，王琳本人投奔北齐，危机解除。

王琳的舰队覆灭

在得知陈武帝驾崩后不久，北周就将衡阳王陈昌送归。由于战乱，陈昌长期滞留汉水以北。等平定王琳军后，文帝派人迎接这位堂弟。然而，渡过汉水时，船却带着陈昌沉入江底。

这船上怎么还有喷泉啊……

陈昌

熟悉的操作！

朱元璋

　　至此，陈文帝基本掌控了大局。从文帝到宣帝时期，大乱结束，南朝初安，百姓总算得到些休养。文帝时期，甚至号称"天嘉小康"。

　　然而，这种"小康"背后，各种小动荡却从未停息。陈昌和王琳代表的两种矛盾：皇族问题和军阀问题，几乎贯穿整个陈朝。

总觉得有啥不对劲……

陈昌

王琳

陈文帝

陈朝皇室出身寒族。尽管士族阶层已在侯景之乱时被击垮，陈氏却仍然延续了南朝皇室"士族化"传统，努力效仿、融入士族阶层。在任用士族的同时，也吸收前朝经验教训，任用皇族宗室压制士族及地方势力。

　　通过压缩封邑等手段，陈朝没有出现前朝宗室混战的大祸，但仍发生了安城王陈顼篡位的事件：陈文帝天嘉三年（562），在北周做人质多年的皇弟安城王陈顼终于归国。这位饱受磨砺的皇族，得到皇兄重用，势倾朝野，官至尚书令。

文帝病逝后，十五岁的太子陈伯宗即位，实权迅速落入老练的安城王之手。

小皇帝和母亲沈太后反抗失败，不久安城王篡位，是为陈宣帝；小皇帝被废为临海王，史称"陈废帝"，不久死去。沈太后则被奇怪地降封为"文皇后"，似乎沦为陈宣帝的战利品。

同样在文帝至宣帝时期，地方上小规模叛乱此起彼伏。

早在武帝陈霸先起兵时，伴着士族衰败，一支新兴力量——土豪酋帅，通过支持武帝崛起。他们多是江南的土著武装，既有汉族地方豪酋，又有大量俚、獠、溪、蛮、越等南方少数民族军阀。

南朝时期，南方经济开发有限。汉人相对集中在长江中下游平原和东南沿海平原。在岭南、湘赣、皖西山区等地，则广泛聚居着大量少数民族。双方既有斗争，又有融合。

护史官

这些"土豪酋帅",一部分追随陈武帝起兵,进入中央。如武、文两朝战功赫赫,负责掌握禁军,并帮文帝淹死衡阳王陈昌的老臣侯安都,就很可能是俚人酋帅。另一些土豪酋帅则趁乱割据,尾大不掉。

有种来打我啊!

自平定王琳之乱后,陈文帝一朝,先后征服缙州留异、江州周迪、闽州陈宝应。陈废帝、陈宣帝时,又先后平定了湘州刺史华皎和广州刺史欧阳纥,才算基本解决了军阀问题。

三、失败的北伐

　　内部纷扰不息的同时，陈朝也一直面临着外部威胁，最直接的威胁是北齐。梁末，北齐占领了淮南江北之地，陈朝首都建康因此暴露在齐军的兵锋之下。

西北方向，北周同样不容小觑。在江陵，北周常年扶持梁朝皇室为傀儡政权，史称"西梁"。文帝时期，北周还曾侵略湘州、巴州。

相比北周、北齐，偏安江南的陈朝，正是最孱弱者。陈朝历次内乱，如王琳之乱、华皎之乱，背后往往都有北方"邻居"的影子。

他们一直都没有放弃鲸吞陈朝的野心，只是周、齐双方攻杀不已，加之北方突厥威胁，才无力实现。

陈朝也一直在尝试改变窘境。陈文帝时期就有灭西梁、收复江陵的谋划，无奈国力不足。陈宣帝即位后，内乱渐少，他决心北伐。

此时，北周正值周武帝在位，国势日盛，又有并吞天下之志，被陈宣帝视为首要威胁。太建二年（570），陈宣帝试探性伐周，遭遇挫折。次年，他又遣使北齐，希望联齐伐周，却被昏聩的北齐统治者拒绝。

此时，北周伐齐、一统北方的战鼓，已经擂响。面对北周伸出"联合伐齐"的橄榄枝，陈宣帝只得接受，转而谋划收复淮南江北，改善建康防务。于是，轰轰烈烈的"太建五年（573）北伐"开始了。

北复中原！

陈顼

吴明彻

陈朝动用十万雄兵，以骁将吴明彻任主帅，两年内，成功收复淮南，甚至将疆土推进到淮河以北。

然而，成功的喜悦没能维持太久。随着北齐的覆灭，盟友北周马上变脸。太建十年（578），北周伐陈，不但新收复的江北地区全被北周占去，主帅吴明彻也被俘虏，陈军精锐几乎被全歼。

陈之锐卒，于是歼焉。

——《北史·王轨传》

老实点啊你！

吴明彻

四、陈朝的灭亡

"太建北伐"一败涂地，面对强大的北周，陈朝命数已定。兵力捉襟见肘的陈宣帝，甚至要调动禁军来防御外敌。太建十四年（582），陈宣帝病重去世，结束了晦暗的一生。

> 又回到最初的起点，呆呆地站在镜中间……

陈顼

就在他死后第二天，皇族之间再起波澜，发生了闹剧般的"始兴王之乱"：常年被他娇宠的次子始兴王陈叔陵，不满长子陈叔宝继位，竟在灵柩前将其砍伤，并外逃起兵，不久被诛。

胡闹！

陈叔陵

陈叔宝

脖子挨了一刀的陈叔宝，就是陈后主。

后主继承了陈朝皇室士族化的风尚，善于文学，沉迷女色，爱吃驴肉，号称能饮酒一石，常与张丽华、孔贵嫔厮混。

治国方面，后主倒也曾试图缓解危机。他时常下诏大赦，减免租税，还派官员搜查豪强隐匿的人口。

然而，对危机下的陈朝，这些政策如杯水车薪。南北对峙下，陈朝国力损耗剧烈，以至于人口有限的陈朝，女性往往也要按男性的标准服沉重的徭役。

另外，统治阶级弊端明显。

皇室内乱，仍有发生：后主之初，刀伤未愈，长沙王陈叔坚曾觊觎权柄。

官僚集团，矛盾激烈：士族"不劳庶务"的风气侵蚀下，陈朝高官缺乏处事能力。陈后主任用的寒士官员试图向士族征税，却招致不满。

士族、寒门不和，文臣、武将也互生嫌隙：面对北朝威胁，陈朝不得不倚重土豪酋帅。朝中文官在依赖他们的同时，却待之以不信任和排斥。

与此同时，北朝已从北周过渡到隋。汉族与北方民族充分融合，均田制等新政策得到大力推行，强盛的隋朝，已经具备统一天下的力量，不过隋文帝故意示弱，迷惑陈后主。

就这样，陈朝祯明二年（588）年底，隋军五十余万大军渡过长江天堑伐陈。

陈军兵力与隋军勉强相等，却因指挥不灵，无力招架。次年，隋军逼近建康，后主惊慌哭泣，歧视武将的臣僚施文庆仍担心武将夺权，隐瞒军情。

祯明三年（589），在隋军将士的呼啸声中，建康防线土崩瓦解，六朝古都城门洞开，陈后主在宫中胭脂井内被擒，后终老于洛阳。

　　就此，长达二百七十二年的东晋南朝时代，以大隋一统南北画上了句号。

第三部分

十六国及北朝

第八章

匈奴：与汉决裂，败亡中原

匈奴是中国北方一个古老的游牧民族。《史记·匈奴列传》记载："匈奴，其先祖夏后氏之苗裔也，曰淳维。"可以说，匈奴人是夏朝的遗民。

游牧民族的特点是逐水草而居，随着人口增长，资源匮乏的状况日益突出，自然就有扩张领土的需要。战国时期，匈奴逐步兴盛，一直是北方秦、赵、燕三国的肘腋之患。

秦始皇时蒙恬曾大败匈奴，等到汉高祖时期匈奴又重新崛起，甚至出现了"白登之围"的一幕。此后数十年，汉朝不得不用和亲的方式稳住匈奴。汉武帝时曾大举反击匈奴，使匈奴遭到重创。

184

东汉时匈奴分裂成南北两部，北匈奴远遁北方，南匈奴则内附中原在河套地区聚居。魏晋时期，包括匈奴在内的许多少数民族纷纷南下内迁，开始改变生活方式，慢慢发展农耕文化。

※ 土豆是明清才引入中国，此处纯属假想。

曹魏正始末年，匈奴贵族刘渊于并州出生。刘渊是匈奴冒顿单于的后人。刘邦曾经把一位公主嫁给冒顿，于是他的族人就以刘为姓。

刘渊

我是刘邦一脉的，祖上也曾阔气过！低调，低调。

刘渊的先人曾经帮助过东汉王朝平定黄巾起义，后来归附曹操，父亲刘豹被封为左贤王。刘渊家族虽然是匈奴人，但内迁时间很长，汉化程度很高。

哈哈哈！让汉化组再加加班！

刘渊

石勒

还是他厉害，不像我从小就放羊！

刘渊小时候非常聪慧孝顺，长大后师从中原饱学之士，胸怀大志，文武兼备。后来刘渊去洛阳，曾经受到司马昭的称赞和厚待。

晋武帝时，刘渊已经成年并声名鹊起。刘渊曾经有多次被重用的机会，但总是被人以"非我族类，其心必异""祸患萌芽，不可不防"之类的理由所阻挠，还险些招致杀身之祸。

后来刘渊回到家乡接手了父亲的部众，西晋朝廷封他为管理地方的长官。刘渊把地方治理得井井有条，很多贤士都来投奔。慢慢地，他的野心滋长了。

> 老大，这几个"闲士"也都想跟着您混。

> 好好好，反正闲着也是闲着。

刘渊

晋惠帝时八王之乱爆发，中原战火纷飞。刘渊见时机成熟，便纠集五部人马投靠了司马颖，请求让自己为他经营北方。司马颖便上表封刘渊为宁朔将军，总领北方。

大哥，咱们复兴呼韩邪单于的大业吧。

下属

这志向太小了，咱们玩个大的，学刘邦！

刘渊

回到左国城后，其手下就给他献上大单于的称号，短短二十天就有数万人来投奔，并在离石建都。司马颖后来兵败被杀，刘渊便在公元304年于左国城称王，建立汉国。

复兴汉室！　　指日可待！

刘邦　　呜呜呜！　　刘备

小英

为什么要建号为汉呢?

刘渊认为自己是汉朝刘氏皇族的外甥,祖先曾与汉朝相约为兄弟,兄长灭亡了就该弟弟来继承。当然,更重要的是,以汉为号可以更好地收服中原民心。

护史官

刘渊称王后,西晋连续派兵征剿,均告失败,刘渊占据了山西和陕西很多郡县。刘渊极力约束部下行为,严禁欺辱百姓;他还礼贤下士,引得豪杰相继来投奔,其中有一个叫石勒的羯族将领。

老大,这哥们儿体格不错,也是来投奔您的。

石勒

公元 308 年，刘渊正式称帝，立长子刘和为太子。这时刘渊已经不满足于割据称王，而是志在消灭晋朝，取而代之。刘渊多次强攻洛阳，但均未能成功。公元 310 年，刘渊去世。

刘渊

西晋尚未灭亡，
儿子们继续努力！

刘聪

西晋已经完了，
父皇可以瞑目了！

刘渊死后，永嘉五年（311），刘渊养子、大将刘曜率将领破城后，强侮并纳了晋惠帝羊皇后。

贾南风死后，晋惠帝娶了羊皇后，羊皇后几废几立，又在西晋灭亡后被刘曜纳为妾，当了匈奴前赵的皇后，生了三个儿子，人生相当传奇。

从公元 311 年到 318 年，晋怀帝司马炽、晋愍帝司马邺先后被俘虏，并充当了刘渊第四子——汉赵皇帝刘聪的跟班兼"服务生"。当十九岁的晋愍帝穿着军装充当打猎活动的开路先锋时，沿途的百姓流下了眼泪；当他为刘聪掀"马桶盖"时，西晋的群臣忍不住失声痛哭。

司马邺

唉！

噗！

爽！

刘聪

民众的情绪，触动了刘聪敏感的神经。一怒之下，刘聪将他们统统杀掉。刘聪在统治区内进行了胡汉分治，但仍然不能缓和汉人对自己的敌视。

公元 318 年，刘聪病死，太子刘粲继位。刘粲的岳父勒淮发动政变杀刘粲。随后刘渊的养子刘曜、大将石勒起兵消灭了勒家势力，刘曜称帝，立羊氏为后。

刘曜认为"汉"的国号已经没有了收服人心的作用，于是迁都长安后将国名改为赵，与汉族政权正式决裂。

汉赵不仅与汉族矛盾激化，与羯族也公开决裂。刘曜迁都长安后，与羯族大将石勒反目，石勒也自称赵王，建立赵国。

还是原来的配方，还是原来的味道。

赵
Plus

石勒

为区别二者，一般称刘渊建立的政权为汉赵或前赵，而石勒所建的政权为后赵。汉赵只是匈奴人建立的第一个国家，八十余年后，赫连勃勃建立的胡夏国又登上了历史舞台。

史

铲史官

赫连勃勃原姓刘，是刘渊的同族，自然祖上也比较风光。氐族人苻健建立前秦后，封他父亲刘卫辰为西部单于，统领西部各族。

作为一个领导者，我有必要告诉你们一点人生的经验。

刘卫辰

后来前秦被羌人建立的后秦灭了，刘卫辰又依附了后秦。

前秦

这叫良禽择木而栖，

刘卫辰

后秦

这叫识时务者为俊杰。

刘卫辰派儿子刘勃勃去拜见后秦皇帝姚兴，这时的刘勃勃身高"八尺五寸，腰带十围，生性善辩聪慧"，深得姚兴喜爱。于是他被破格提拔重用，并被任命镇守朔方，掌握很大的权力。

刘勃勃

又高又帅，有种可靠的感觉。

姚兴

196

小爱

这也是个看脸
的时代啊!

但姚兴做梦也没想到，这个刘勃勃的野心和残暴远远胜过他的祖上。公元 407 年刘勃勃叛秦自立，建立夏国。刘勃勃的军队不断攻打后秦和其他国家，所到之处无不残破，关中百姓对他恨之入骨。

刘勃勃

公元 413 年，刘勃勃改姓赫连，同年建都统万城，改年号为"凤翔"。统万城的建造又是一段血书史，赫连勃勃下令"蒸土筑城，锥入一寸，即杀作者而并筑之"。数年后，一座凝聚着无数百姓血肉的坚城，伫立在草原之上。

后来东晋名将刘裕发兵灭掉后秦，赫连勃勃连忙上表结好。刘裕班师回朝后，赫连勃勃又趁机攻取了长安，夏国达到鼎盛阶段。

公元 418 年，赫连勃勃在统万城称帝，七年后病死。他的儿子们穷兵黩武，横征暴敛。公元 431 年，北魏大军擒获末代君主赫连定，胡夏国灭亡。匈奴人主宰中原大地的时代就此结束。

领完盒饭就可以走了！

(*^▽^*)

第九章

羯：手足相残，多行不义

很多年轻人都特别爱看励志故事，梦想自己有朝一日也能功成名就，今天我们就先来看一个羯族少年（石勒）从奴隶到皇帝的传奇故事。

史官

内迁中原的北方少数民族中，匈奴、鲜卑、氐、羌都有族类源流，只有羯族前史未闻。六朝正史记载其为匈奴别部。

羯族人

羯族人部落离散，人数不多，他们或是小月氏的后裔，或是西域匈奴的一支，特征是高鼻梁，深眼窝，白面多须。

当时的羯族人地位低下，时常被人欺压，被当作奴隶买卖。

都是精壮的劳力，
只卖呆萌的价格！

"胡"的本义是兽类脖子下的垂肉，而"羯"的本义是斗羊。

你别碰我！

石勒出生于上党武乡的一个羯族小头目家庭里。从小就音容奇伟，受人瞩目，他痛恨欺压而有不屈服的意志。十四岁时，石勒随族人去洛阳做买卖，在大街上吆喝，被西晋的高官王衍见到。

幸运的石勒没被抓住，长大之后，他努力尝试改变自己的命运，做过佃农、做过买卖，甚至还打算贩卖人口。可不承想，自己反倒先被别人卖了。

石勒被卖到地主师欢的家里做奴隶，起初备受侮辱和折磨。石勒说自己在田里干活时，常听到战场上鼓角争鸣的声音。

师欢认为石勒器宇不凡，恢复了他的自由。

> 我看你脑子坏掉啦!

> 此人器宇不凡啊!

师欢

随后石勒又落入乱军手中。他逐渐明白了一个道理，要摆脱被奴役的命运，唯有自强。从乱军中逃脱后，他投奔了牧帅汲桑，成了打家劫舍的土匪。

> 来，抓紧时间，金银珠宝，各种卡……

石勒

> 钱没带，不过规矩我懂……

咱!

不久，八王之乱爆发，各地势力纷纷起兵。公元 305 年，汲桑领着石勒拉起一支队伍投奔了当地的将军公师藩。几次作战下来，公师藩、汲桑先后兵败身亡。石勒便投奔了北部单于刘渊。

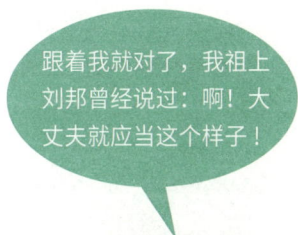

石勒刚投奔刘渊就显示出惊人的能力：石勒假意去投奔一股势力，与其首领结拜，领兵征战数次后士卒渐渐都服从于他而背叛了以前的大哥。

就这样，石勒用自己的"个人魅力"为刘渊带回了数千士兵。

石勒转战河北后大规模扩军，此前被成批卖往河北的并州少数民族纷纷加入其军团，构成后赵政权的本部，凝聚成以河北一带为根据地、以羯为名的共同体，但他们并不都是羯族人。

石勒东征西讨，攻城略地，战功赫赫，但他所带的队伍军纪严明，善待百姓，很受拥戴。在汉人谋士张宾的影响下，石勒认真学习汉族文化和兵法谋略，逐渐成为能够独当一面的统帅。

石勒军先抵达平阳，但平阳势力不愿向石勒投降，更愿意向已经称帝的刘曜请降。

石勒大怒，攻破平阳后杀尽反对势力，将都城宫室一把火烧成灰烬。石勒和刘曜由此反目。

公元 319 年，石勒在襄国自立称王，建立赵国，正式与汉赵决裂，并准备攻打刘曜。

一山不容二虎，
一朝不容二赵！

石勒

公元 328 年，洛阳决战，石勒大败刘曜，消灭汉赵。公元 330 年，石勒称帝，立石弘为太子。这时石勒已经基本统一了北方，与东晋形成南北对峙局面。

铲史官

刘曜、石勒决战关中，前赵的匈奴五部几乎消耗殆尽，后赵的少数民族兵源得到不断补充。后赵在与前赵的对抗中逐渐占据优势，群众基础广是根本原因。

石勒建政后非常崇尚汉文化，重用汉族士子。张宾作为石勒的谋士，为他谋划了很多大事，石勒和百官非常敬重他。

中原饱受战乱之苦，石勒为节省粮食，下令禁止酿酒。北方逐渐恢复一些生机。

石勒不识字，但并不妨碍他学习汉文化，经常让人给他念史书听。石勒重视文教，恢复学校，经常亲临士子考试现场，让士子给他念文章听。

石勒忌讳"胡人"的称呼,下令改称"国人"。有一次,石勒指着一盘胡瓜问大臣樊坦:"卿知此物何名?"樊坦恭敬地回答道:"黄瓜。"石勒笑了。此后胡瓜就变成了黄瓜。

后赵政权实行胡汉分治,数十万羯族人翻身做主,成为上等统治民族。他们欺压其他民族,夺人妻女钱财,没有任何约束。

哈哈哈哈!
都给我拿来!

公元 333 年,石勒病逝,太子石弘继位。石弘生性软弱,石勒的侄子、大将石虎把持朝政。石虎是石勒兄弟的儿子,战功赫赫,生性残忍,诛杀了很多不顺从的大臣,把自己的儿子和亲信全部安插到重要的岗位上。

路要怎么走,
你们自己选吧!

石虎

公元 334 年，石虎废掉石弘，诛杀石勒诸子，自己上位。他大建宫殿，雕梁画栋，遍地金玉，挑选上万民女供己享乐；为聚敛财富，公然四处盗取陵墓。只有秦始皇陵墓逃过一劫，因为太坚固，他们只挖到了附属建筑遗址的铜柱子。

除了穷奢极欲，石虎还穷兵黩武，四处发兵攻击周边部族，几乎每月都要打仗。为保障军费，石虎横征暴敛，中原百姓死伤无数，苦不堪言，手下官员将领也日益离心。

石虎暴虐的恶果接踵而至：太子石邃受命理政，但石虎对他日渐失望且有猜忌，先废后杀，随后又立石宣为太子。暴虐的石宣杀掉了对自己有威胁的兄弟石韬，心痛至极的老暴君石虎，只能又将石宣当众虐杀。

呜呜呜！

石宣

石虎

路要怎么走，自己选！

公元 349 年，石虎病死，年幼的太子石世继位，随后石遵杀石世自立。石虎的另一庶子石冲不服，带兵讨伐石遵。石遵向石虎的养孙、汉人将领冉闵许诺，立他为太子，而后冉闵率兵击败石冲。

好好干，以后你就是太子！

冉闵

石遵

冉闵是汉人，其父冉良在与石勒作战中被俘，石勒令石虎收其为养子，于是冉闵也就成了石虎的养孙，以石为姓。冉闵在后赵可是一员悍将，勇猛无比。

石遵称帝后食言，并召集宗室讨论是否诛杀手握兵权的冉闵。怀有私心的石鉴向冉闵告密，冉闵随即率兵杀掉石遵。石鉴登基后，立即联络石氏宗室合谋诛杀冉闵，却都被冉闵干掉。

为什么要逼
我杀人？！

冉闵

　　眼看冉闵坐大，羯族人、龙骧将军孙伏都率三千羯族士兵，埋伏宫内袭杀，却被冉闵与同伴李农率兵诛杀。为了观察形势，冉闵下了一道命令：同心者留城，不同心者听任外出。

于是，方圆百里的汉人涌入城里，羯族人等拼命外逃。

冉闵由此深知羯族人不会为自己所用，在后赵都城邺城颁布了历史上有名的"杀胡令"。

仇恨的盖子一打开，几天内，二十余万羯族人被杀。高鼻深目者也多遭滥杀。

　　冉闵杀掉石鉴，诛灭了石氏家族，后赵灭亡，国祚三十三年。公元350年，冉闵称帝，立国号为魏，史称冉魏。

　　冉闵称帝后，杀掉了一同起事的将领李农，造成汉人乞活军的离心。为了安抚羯族等少数民族，冉闵不顾大臣劝告，授其子冉胤大单于位号，延续后赵的胡汉分治，甚至将一千投降的羯族人配为亲军，为其日后被杀埋下了隐患。

　　后赵残余势力拥护石祗在旧都襄国称帝，六夷头领纷纷归附。陷入孤立的冉闵向东晋遣使，邀请共同讨伐羯族人，而自标正统的东晋朝廷不予理睬。

　　慕容家向我们称藩，冉闵这小子却称帝，哪里把我们放在眼里？

石祗打不过冉闵，便向羌族的姚弋仲、慕容氏的前燕求援。大家趁机攻城略地，各率军队进攻。公元 352 年，慕容恪用"连环马"合围冉闵，突出重围的冉闵跑出二十多里后，因战马倒地而毙被擒。

第十章

鲜卑：慕容复要光复的大燕到底是什么国家

在金庸小说《天龙八部》中，美男子慕容复为了复国梦想，不惜弃表妹，杀家臣，耍各种阴谋诡计。结果败坏了名声，却还是竹篮打水一场空！

为了光复大燕,
我必须去竞选
西夏驸马!

不愧是人家的男
神,跑都跑得这
么销魂……

不带这么
欺负人的。

铲史官

问题来了,慕容复一心
想恢复的大燕,究竟是
什么样的国家?今天,
铲史官就来扒一扒鲜卑
族建立的大燕国,及慕
容复"祖先"们的那些
事儿。

221

鲜卑是东胡系少数民族，原本生活在大兴安岭的原始森林中，大兴安岭以前也叫大鲜卑山。后来，鲜卑人走出森林，接管了匈奴人的辽阔草原，成为游牧民族。

套马汉子来啦！

南迁、西迁的鲜卑人与不同民族混血，形成了不同的部落。东汉末年，鲜卑首领檀石槐称大汗，将其统辖的地域分为中、东、西三部。

吐谷浑、秃发氏 居西部	拓跋氏 居中部	宇文氏、慕容氏 居东部

一说慕容氏肤色较其他鲜卑族白，又被称为"白部鲜卑"。

鲜卑族的部落个个不凡，慕容氏先后建立了前燕、后燕、西燕、南燕、北燕，拓跋氏建立北魏统一北方，北魏分裂为东魏、西魏后，宇文氏取代西魏建立了北周。鲜卑还有个小部落独孤氏，隋唐皇室都延续了这一支的血脉。

慕容世家的统治者

前燕	后燕	西燕	南燕	北燕
慕容皝	慕容垂	慕容泓	慕容德	*慕容云
慕容儁	慕容宝	慕容冲	慕容超	*冯跋
慕容暐	慕容详	慕容顗		冯弘
	慕容麟	慕容瑶		
	慕容盛	慕容忠		
	慕容熙	慕容永		

*慕容云为慕容宝义子，高句丽人，原姓高。冯跋为慕容家的家将。

魏晋之际，慕容氏迁居大棘城，开始农牧定居生活，并逐渐占据辽水流域。公元307年，酋长慕容廆自称鲜卑大单于，西晋灭亡后又受东晋官爵，封平州牧、辽东郡公。

做东晋的官，扩自家的地盘！

东晋

慕容廆

公元 337 年，其子慕容皝称燕王，大败后赵石虎大军，接连击破扶余、高句丽，成为辽西主人，迁都龙城（今辽宁朝阳）。慕容氏遥奉东晋为宗主国，吸引了大批不堪忍受欺压的汉人来附。

还是慕容家比较亲！

咱们汉人有容身之地啦！

慕容皝死后，其子慕容儁继位，进攻冉闵。东晋因慕容氏一直称藩，对冉闵见死不救。孰料公元 352 年，羽翼丰满的慕容儁称帝，建都蓟城（今北京），史称前燕，拥有河北、河南、山东、山西大片地区，与东晋、前秦三足鼎立。

慕容家不可信，翅膀长硬就单飞！

东晋朝臣

225

慕容家两大战神

慕容恪

慕容垂

慕容垂是前燕旧臣，后来建立后燕，灭西燕，后燕分支出北燕、南燕。慕容垂可谓慕容家一个承前启后的关键人物。

史官

桓温第三次北伐，已经四十来岁的慕容垂大败晋军。然而，功高震主的他却被追杀，情急之下一家子投奔前秦。苻坚见到慕容家的帅哥们个个仪容不凡，赞赏不已，高官厚禄重用之。

好帅的一家子，能将我朝臣子的平均颜值拉高不少啊！

苻坚

谋士王猛觉得慕容家并非可以驯养的池中之物，劝苻坚杀掉慕容垂，爱才的苻坚却不许。

符坚

王猛

小白脸子，没有好心眼子呀！

我以恩义招揽英豪，杀了他们，后人如何评价我？

等着后悔吧。

为了报仇，我这也是拼了！

慕容垂

淝水之战苻坚大败，羌族、鲜卑首领纷纷起兵反叛。没有参加淝水之战的慕容垂护送苻坚回洛阳后，返回前燕旧地，召集旧部建立后燕，定都中山，同时消灭了慕容家旁支建立的西燕。

隐忍这么久，我大燕终于复国了！

复国后的后燕，兵强马壮，所向披靡，与处于上升期的北魏干上了。前秦式微后，拓跋珪返回代国旧地，建立了北魏。慕容垂与拓跋珪，一老一少，两位雄主狭路相逢。

早些时候，国力较弱的北魏曾向后燕进贡，觊觎北魏良马的慕容子弟，却将拓跋珪的弟弟拓跋觚留下来当人质。道武帝拓跋珪脾气一上来，坚决不献马，还派兵支援西燕，侵扰后燕边境。

灭掉西燕后，慕容垂派太子慕容宝率八万精兵北上伐魏。为躲避燕军兵锋，拓跋珪把部落、畜产、二十万大军迁移到黄河以南。登国十年（395）八月，两军对阵黄河两岸。

慕容宝准备渡河，忽然刮起暴风，数十艘船漂向南岸，几百燕军被北魏军俘获后放回。出征时，古稀之年的慕容垂已然病重，拓跋珪派人截住燕军的来往使者，押着他们隔河大喊。

慕容宝，你爸爸死了，还不快点回去争皇位！

慕容宝心中惶恐，军心动摇。弟弟慕容麟手下将领慕舆嵩想杀了慕容宝，拥戴慕容麟。事情败露，慕舆嵩被杀，两兄弟心中也结下梁子，相互猜忌。

十月，燕军烧船夜遁，慢慢后撤。塞外严寒，黄河很快结冰，拓跋珪亲自率两万多精骑悄悄渡河追赶。

十一月初九，撤退的燕军来到参合陂蟠羊山南面的河旁宿营。翌日清晨，燕军醒来一抬头，发现山上全是鬼神般静静站立的魏军，吓得魂飞魄散。

拓跋珪纵兵向下冲杀，燕军四散惊逃，淹死、人马践踏而死的有上万人。四五万燕军束手就擒，结果全被活埋。慕容宝、慕容麟因为马好，单骑逃出。

※ 此活埋数字，据说是中国历史上活埋敌军的第五名，第一名是白起坑杀赵卒四十万。参合陂的位置，一说位于今山西阳高，另一说位于今内蒙古凉城岱海附近。

盛怒之下的慕容垂，于第二年三月亲自率领从没打过败仗的隆城兵，翻山越岭直击北魏平城。轻敌的平城守将拓跋虔一战败死，部下投降。拓跋珪吓得急忙退保阴山。

慕容垂大军经过参合陂时，见到去年被杀掉的燕军尸横遍野，白骨累累，放声号哭，声震山谷。慕容垂一口鲜血喷出，引发旧疾，十天后，死于军中。

参合陂，你害我大燕两次！

慕容垂

哇！

小英

这么说，参合陂真是慕容家永远的痛！

所以慕容复家的庄子叫参合庄，还有一门武功叫参合指。

铲史官

慕容宝急忙退军，回中山即位，拓跋珪也于这年七月称帝，八月率四十万大军伐燕。慕容宝一路败阵，皇始三年（398）逃至龙城被舅父兰汗诱杀，兰汗称大单于自立。此后，后燕逐渐分裂为北燕和南燕。

北燕

南燕

慕容垂虽死，慕容家刚毅隐忍的狼性基因却继承下来。慕容宝的庶长子慕容盛是兰汗的女婿，只身返回龙城为父吊丧。在女儿哀求下，兰汗没杀掉他反而重用。

爸爸，我老公这么帅，杀掉太可惜了！

兰汗

表面谦卑的慕容盛，私下挑拨兰汗与其两个兄弟的关系，并打跑了两兄弟邀功。在庆功宴上，兰汗父子大喜喝醉，皆被慕容盛斩杀。

建始元年（407），后燕昭文帝慕容熙的皇后苻训英去世，卫中郎将冯跋趁其出门送丧，关闭城门拥立慕容宝义子——高句丽人慕容云为帝，史称北燕。两年后，慕容云被贴身侍卫刺死，冯跋即天王位，不改国号，北燕成为汉人冯家的天下。

铲史官

这冯跋就是大名鼎鼎的冯太后（李未央原型）的伯祖父。慕容家另一位善于隐忍的子弟，叫慕容超。他的故事，也很传奇。

再来看南燕：慕容垂的兄弟慕容德，在追随兄长脱离前秦时，留在张掖的妻儿、兄长一家被太守杀掉，仅留下老母与怀了身孕的兄长之妻段氏。段氏生下了慕容超，这个帅小伙长大后却在长安集市上要饭行乞。

要饭喽！ 要饭喽！

慕容超

装疯卖傻的慕容超骗过了后秦皇帝姚兴，无人监视来去自由。后燕灭亡后，慕容德带领一支人马在滑台建立了南燕。慕容超见到叔叔慕容德的使者，连母亲和妻子都没通知，连夜奔返南燕都城广固。

慕容德无后，慕容超被立为太子。苦水中泡大的他，继位后却不是一位勤政爱民的好君主，杀戮宗室，任用奸佞，喜好游猎宴乐。

吃了这么多苦，好好补偿一下。

慕容超

姚兴听闻慕容超称帝，便软禁其母妻，要南燕称臣，并索要宫廷乐伎。南燕的使者韩范来到长安，姚兴好奇地问了他关于燕王的事。

慕容超向后秦称藩，并送出太乐诸伎一百二十人，母妻回国团聚。可是新招募的乐师总是不尽如人意，慕容超就从东晋抢夺男女，入太乐府学习舞乐以供宴饮朝会使用，此举捅了马蜂窝。

正想北伐树立权威，这小子就上门找揍来了！

刘裕

义熙六年（410），刘裕兴兵灭掉南燕，慕容超被押至建康斩首，慕容家彻底落幕，退出历史舞台。千年后，他们在金庸的小说《天龙八部》中，再次上演复国大业。

小爱

小说《天龙八部》的朝代背景是北宋，距离大燕所在的东晋十六国，隔了五百来年，子孙都传了二三十代了，还能记着复国大业？

小说当然不能当真，但慕容复的确继承了祖先的基因和家族使命，从这一点来说，复国大业也有一点真实的历史逻辑。

护史官

第十一章

氐：一次公共事件引发的帝国崩盘

南迁的少数民族之中，氐族是个很特别的角色，之前，他们几乎被人忽视。十六国时期，氐族如同昙花一现，突然崛起，却又很快衰败。总结一下，可以说：归顺也能成大事，一着不慎满盘输。

氐族

多图杀我。

氐族，在古代中国人的眼中跟羌族无异，所以在先秦史籍中，往往"氐羌"并用，正因如此，一般认为氐、羌两族同属西戎，相对独立，但有很密切的关系。

最迟至汉魏，氐族已和羌族分离，他们主要居住在甘肃、陕西、四川各省的交界处。三国时期，氐人被夹在了刘备和曹操之间，因为氐人骁勇善战，两大势力对其争相拉拢。

没时间解释了，快上车，我快。

小氐，坐老汉的车，我是老司机，我稳。

最终，一部分氏人跟随马超投奔了刘备，进入四川，另一部分归属曹操。曹操让可靠的氏人留守天水、南安界，将首鼠两端的氏人带到长安附近，以便监控。如此，氏族所在区域又扩展了。

这很有趣。

汉末至西晋，因为汉族的人口不足，所以各个军阀势力都想办法借用少数民族的兵员来争霸，氏族只是其中之一，这也是少数民族人口涌进中原的原因之一。

到了西晋时期，统治者已经注意到了这点，所以对待少数民族，他们使用了双面手段：拉拢上层，让他们不想反；压榨下层，让他们没法反。

司马炎

加封你们为万户侯，好好干，跟着我不吃亏！

别卖萌了！没用！赶紧干活缴税！少缴一分都不行！

真是……

上层

那么萌，还不是一样要出来打架。

齐万年

这种恶劣的手段，最终造成陇西一带的少数民族起义，规模最大的当数氐人齐万年率领的起义！而齐万年的对手，就是晋朝名将，也是《世说新语》里的名人——周处。

齐万年？干脆叫齐三年好了。三年必灭你，现在投降还来得及。

周处

结果，周处被队友坑死，齐万年也被晋朝抓住处死。不过齐万年的余部在首领李特的带领下，进入四川。李特战死后，其子李雄攻下成都，建立了成汉政权。

李特

城市套路深，我要回农村。

246

内忧外患，危矣……

你慌啥？还不如先在这里提前给铲史官的各位读者朋友们以及家人拜个早年。

江统

贾南风

齐万年之后，另一支氐族势力崛起，他们的首领叫苻洪（原姓蒲），不过这支氐族开始并不强大，只能先认大哥。所以，苻洪先后归顺了前赵和后赵，颇受重用。

认大哥又怎么了？

人嘛，就要看开一点。

苻洪

247

可是在后赵的石虎死后，苻洪的命运出现了变化，首先，苻洪被新皇帝石遵解除了都督职务！

后赵CEO

符洪

我能怎么办啊，我也很绝望啊！

苻洪一看势头不对，赶紧再向东晋投降，可结果还没下来，后赵内部火并。因为冉闵的杀胡令，有很多少数民族武装都投降了苻洪，苻洪因此实力大增。等到东晋的任命下来，苻洪已经兴趣不大了。

冉闵

杀！

此时，符洪已经给前秦的建立打下了基础，可随后他就被降将麻秋毒杀。儿子符健继承遗志，挺进关中，拿下长安。之后符健干脆废掉东晋封的马甲，自称天王、大单于，建立秦政权，史称前秦。

请叫我……建国大爷！

长安要完

符健

但此时，被耍的东晋不干了，先后派出殷浩和桓温北伐，结果被符健和其他少数民族政权击败。符健还趁此时机，在关中休养生息，轻徭薄赋，重视儒学。一时间，关中有了复苏的迹象。

这创业的土，是无比的甜，加班充满节奏感。

老爸叫我来建国，我把关中转一转。

符健病死之后，儿子符生继位，符生暴虐好杀，谁也不放过。比如可怜的宗室符黄眉，明明立了大功，却被侮辱，被逼造反，而后全家被诛杀。最后，同族的符坚出手，杀死符生，继位称王。

符坚称王之后，赶紧恢复与民休息的政策，整顿吏治，铲除了前朝作恶的旧臣，并且重用了一大批汉族的能臣，其中最著名的，就是寒门出身的王猛。

我叫王猛，谦虚一点说，我才比诸葛，擅长指点江山，不过我得带着我的小虱子兄弟们。桓温受不了，不知你行不行？

王猛

符坚

你这算哪门子谦虚……不过为了朕的天下，我忍了……

在王猛的帮助下，苻坚打击豪强，加强中央集权，推行儒家教育，调整民族关系，平定了内部的叛乱。几年之间，国力大增，氐族从此由一方小弟，踏上征服天下的旅程。

第一个倒霉的是前燕。当时是少主慕容暐在位，由两大战神慕容恪、慕容垂守护。可天有不测风云，公元 367 年，慕容恪病死，东晋桓温趁机北伐。前燕就向前秦求援，许诺战胜之后，割让虎牢以西之地。

符坚

请大声告诉我，这个时候我们该做啥？

先救后取，我秦必成最后赢家。

王猛

于是，符坚出兵帮忙，救了前燕之后，前燕发生内乱，辅政大臣慕容评排挤战神慕容垂。慕容垂无奈，率领部属投奔了符坚，符坚封他为冠军将军。

慕容垂

二狗子

月光下飞奔在瓜地里的慕容垂和他的小伙伴们。

之后，苻坚就以前燕不割让土地为借口，进兵攻打前燕。公元370年，前燕最终灭亡。

而在同时，同为氐族的仇池政权有变化，亲苻坚的杨世病死，儿子杨纂继位后，转而向东晋称臣。

符坚

请再大声告诉我，这个
时候我们该做啥？

先兵后礼，我秦
必成最后赢家。

王猛

符坚大兵压境，吓得前仇池官员当场投降。之后，符坚恩威并用，吐谷浑、前凉也先后投降，符坚甚至派人夺取了东晋治下的四川一带。但此时，王猛积劳成疾，病倒了。

看来选择东晋，
是一道送命题。

杨纂

呃……

符坚

请再一次大声告诉我，这个时候我们该做啥？

王猛

代国和晋朝，先朝代国动手。我秦必成最后赢家。

对付鲜卑拓跋氏建立的代国，符坚重兵压境，代国内部发生内乱，末代国王拓跋什翼犍被杀，代国平定。此时，对手就剩下东晋了。

司马曜

哀痛到位自然哭，嘚瑟过头必升天。

符坚

请最后一次大声告诉我,这个时候我们该做啥?

王猛

晋朝乃华夏正统,不能急着灭。而鲜卑、西羌等投降贵族野心不死,必须先收拾,否则必成大患。我秦必成最后赢家。(说完王猛便病逝了。)

铲史官

此时的前秦,国势极盛。但正如王猛所看到的,周边投降的部族才是隐忧,羌族姚苌、鲜卑慕容垂,乃至于代国余脉拓跋珪集团,他们意图复国,时刻希望符坚犯错。

该你了,东晋。

东晋要完

最终，苻坚没能听劝，先攻下襄阳，之后大举进攻东晋。东晋名相谢安马上做出部署，江州刺史桓冲率领十万军队扼守长江中游，防止前秦军队从四川南下，然后派遣谢石率精兵迎战前秦主力！

谢安

投鞭断水水更流！苻坚，我将是你秦国的"破壁人"。

护史官

苻坚此时动用的兵力，有步兵 60 万、骑兵 27 万、先锋军 25 万，总计 112 万（实际仅 30 万到达战场）。而东晋方面，主要兵力是桓冲军团的 10 万人，加上新训练的北府兵 8 万人，总计 18 万。

双方兵力虽然相差悬殊，但苻坚的兵力因扩张过快，战斗力下降，而东晋方面的北府兵，是专门从北方的流民中选拔的精锐，他们出手不凡，上来就奇袭洛涧，击杀前秦将军梁成，给了苻坚点颜色看看。

双方的主力在淝水对峙，而东晋方面明白，前秦的百万部队，战线千里，不可能全部投入战场，实际的一线兵力，大概 30 万。只要击破他们，就不难取胜，所以谢玄派人去忽悠苻坚了。

261

符坚答应了晋军的要求，但因为部队人数太多，后退起来刹不住车。同时，之前被俘虏的晋军降将也趁机鼓噪，后退就演变成了一场大溃退！

晋军渡河之后疯狂进攻，前秦大军即刻溃散，重臣符融被杀，符坚也中箭受伤，一时间风声鹤唳！

淝水一战，符坚狼狈逃窜，实力大损，几个阴谋家姚苌、慕容垂、拓跋珪趁机割据一方，经营西域的吕光趁机建了后凉，统一的前秦瞬间分裂。接下来，仅仅十一年的工夫，符坚身死，前秦灰飞烟灭！

这真是一着不慎，满盘皆输，我的江山啊！

苻坚

第十二章

羌：跟班小弟建后秦留万世恶名

十六国时期，鲜卑、匈奴、氐、羯、羌等少数民族不断南迁。其中，羌族似乎只是一个小跟班式的存在。如果统计一下十六国的政权数量，似乎更能证实这个观点。

前燕 后燕 南燕 北燕 西秦 南凉

鲜卑

前赵 胡夏 北凉

匈奴

成汉 前秦 后凉

氐族

后赵

羯族

后秦

羌族

铲史官

"十六国"源自北魏崔鸿撰写的《十六国春秋》。崔鸿选出西晋灭亡至北朝建立期间，十六个国祚较长、影响力较大的北方割据政权。除上图所示之外，十六国还包括汉族人建立的前凉、西凉，代国、冉魏、西燕、吐谷浑等则在十六国之外。

从十六国的历史来看，羌族是最后兴起的。先秦的人们一般认为，羌族就是西戎的牧羊人，以羊为图腾。但实际上，羌族本身的组成就比较复杂。

266

在漫长的历史之中，羌族和汉族的关系也非常密切。《史记》中记载，大禹就是兴于西羌。而现在有研究认为，羌、姜两姓实际是同源的。在武王伐纣的过程中，羌族也是周王朝的主力军之一。

羌族

周朝

不如跳舞！

羌族的内迁，也比其他四族要早很多。自春秋战国时，羌族就开始涌入中原，汉武帝设置四郡之后，更是加速了这一进程。所以不光现在的汉族，还有其他许多少数民族，都跟古代的羌族有联系。

这么牛！

哟，厉害了！

天啊！

走，进城去！

而十六国时期的这一支羌族姚氏，属于南安赤亭羌人，来头据说不小，号称虞舜的后裔，"世为羌酋"。不过他们的实力开始并不大，从姚弋仲到儿子姚襄、姚苌，都得寄人篱下，甚至跟氐族同属一个政权！

后赵政权崩溃，冉闵发布杀胡令，和氏族苻洪不理不睬、趁机吸收流民扩大势力的行为相比，羌族的姚弋仲还是比较忠心的，积极帮助后赵镇压冉闵。之后，为了发展实力，姚弋仲又向东晋投降。

这儿也有你！

姚弋仲

东晋

海关

苻洪

不久，姚弋仲病死，儿子姚襄继承了他的部属。姚襄归顺东晋之后，中军将军殷浩北伐，其间与姚襄多生嫌隙，两个人矛盾升级！

这家伙有私心！找机会杀了他！

北伐会输得什么都不剩下……还是自己搞……

殷浩

姚襄

还有谁要北伐？还有谁？！

殷浩几次派人刺杀姚襄，都被姚襄顺利化解。姚襄此时也意识到了威胁，所以在殷浩第二次北伐的时候，干脆反戈一击！

当然，姚襄也知道这么做犯规了，所以打完之后，赶紧做出多手准备：1. 派遣使者，向东晋朝廷述说殷浩的罪状；2. 向前燕政权投降；3. 带着部众北进许昌，准备向北拿下洛阳，作为根据地。

不是我，不是我……

姚襄

狡兔三窟啊！
我得多做点准备。

结果，东晋方面，殷浩的政敌桓温正好借机北伐，收拾姚襄。而此时的前燕也没理姚襄的求助，最终姚襄战败，逃奔洛阳北山。因为姚襄爱护人民，即便遇到了这种状况，仍有五千多百姓对他不离不弃。

我本以为我比较像小霸王孙策，现在看，妥妥是刘备的节奏啊！

不知该摆出什么表情。

洛阳战败，姚襄意识到关东已不是久安之地，所以收集兵马，准备进军关中，想办法独立，没想到却遭遇了老对头氐族建立的前秦政权的对抗。

结果一战之下，羌族战败，连老首领姚弋仲的灵柩都被俘获，姚襄战死，弟弟姚苌率部投降！

姚苌

谁想独立？！

这就尴尬了。

嗯嗯嗯……战况已到如此地步……那就只好……

倒地受重伤的姚襄

投降，我们投降！

之后，前秦大帝苻坚上位，重用姚苌，姚苌也帮忙镇压羌人敛岐的叛乱。因为敛岐所率部属多是姚弋仲的部属，所以前秦此战几乎兵不血刃。姚苌也借此收编部众，扩大势力，并帮苻坚一鼓作气拿下四川一带。

下面，就是大家熟知的淝水之战了，苻坚的主力在淝水被东晋的北府兵打得大败，而姚苌军团直接被长江中游的桓冲军团阻挡，没帮上忙！

小儿辈遂已破贼。

谢安

谢玄

捷报

下完棋后……

谢安舞跃断屐图

啪！

符坚败归北方后，实力大损，手下的几个野心家开始蠢蠢欲动了，最先起来叛乱的是慕容垂、慕容泓叔侄，符坚马上派儿子符睿和心腹姚苌前去讨伐！

可没想到，符睿不听姚苌的谏言，轻敌冒进，被慕容泓设计干掉。姚苌大惊之余，赶紧派长史赵都、参军姜协去向符坚请罪，符坚当即暴怒！

别解释！不听不听，王八念经！我儿子死了，姚苌没事，明明就是他有异心！赐这两人死罪！

天哪！

姜协

赵都

符坚

姚苌得报大惊，率部逃到渭北的牧马场。正好此时又有五万余户民众归附姚苌，姚苌实力大增，于是在太元九年（384），他自称大将军、大单于、万年秦王，改元白雀，建立了后秦政权。

您好，您是万年秦王吧？

请把"吧"字去掉！说"王"不说"吧"，开心你我他。

姚苌

一般认为，姚苌是得到了这五万余户民众的支持才野心爆棚，与苻坚分庭抗礼的，但野心这东西，往往不是一拍脑袋就有的。

铲史官

此后，姚苌和鲜卑慕容氏一起，逐步蚕食前秦的故土。前秦大帝苻坚困守长安不得，出奔五将山，最后被姚苌擒获。

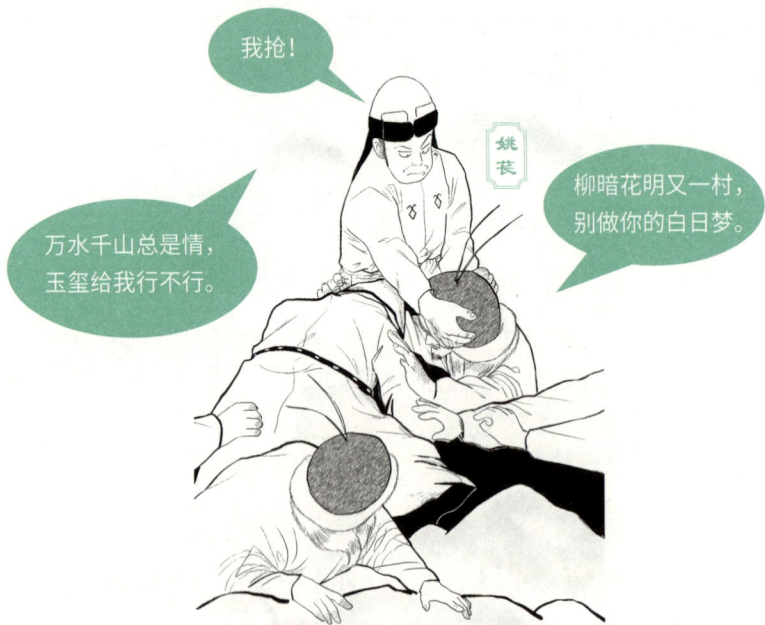

我抢！

姚苌

万水千山总是情，玉玺给我行不行。

柳暗花明又一村，别做你的白日梦。

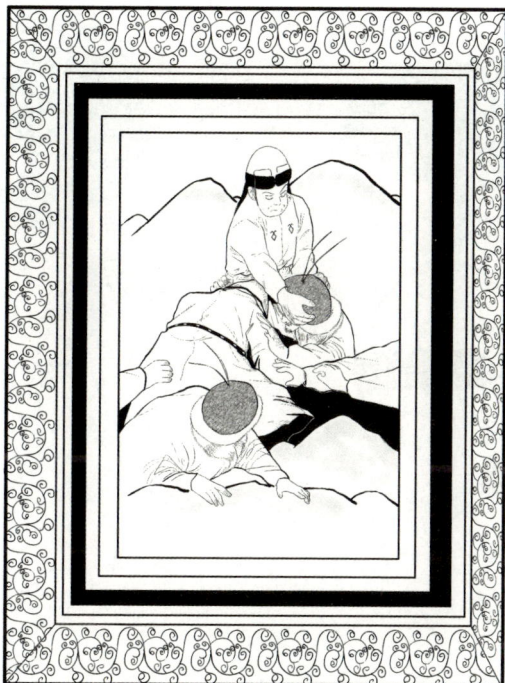

姚苌夺玺图

铲史官

用相框围起来就是
一幅绝世佳作啊！

　　之后，姚苌就在新平佛寺将苻坚缢杀，为了掩饰杀死苻坚的事实，他还追谥苻坚为"壮烈天王"。

你的谥号，就叫……"壮烈天王"吧!

姚苌

听上去就像"壮烈添王八"!我才不要这个谥号!是你用脚想出来的吧?

符坚

大吃一"巾"

符坚死后不久，继位的符丕也死于东晋之手，偌大的前秦，只剩下符坚的族孙符登率领氐族的残余，与姚苌等人对抗。符登等人一度将姚苌打得很狼狈，姚苌忧心不已!

后来符登带着符坚的遗像，连战连捷，姚苌也弄了一个符坚的遗像助阵。一看不管用，还砍下符坚遗像的脑袋，送到符登之处。

符登

抱"头"痛哭

此等下三烂的勾当，让姚苌在历史上臭名远扬。

铲史官

此后，姚苌病死，太子姚兴继位。姚兴继位前期，励精图治，彻底打败了苻登，又夺去了河东的地盘，攻灭了西秦、后凉等国，此时的后秦进入全盛时期，和北魏、东晋分庭抗礼。

我手上有遣返票！谁投降就给谁！

姚兴

厉害了！

别挡我！

什么？！

今年能回家了！

别挡我！

快投降啊！

但是姚兴也埋下了后秦灭亡的祸根，他收容了野心极大的赫连勃勃，而且对于陇西的西秦王族过于宽容，所以到了姚兴统治的末期，诸子相争，赫连勃勃和西秦贵族趁机自立，后秦帝国烽烟弥漫！

后秦诸子相争图

姚泓说皇位是他的！

姚泓　　姚恢　　赫连勃勃

最终，狼烟四起的后秦，成为刘裕北伐的垫脚石。义熙十三年（417），刘裕攻下长安，末帝姚泓投降，被押到建康斩首，成就了刘寄奴（刘裕）"金戈铁马，气吞万里如虎"的威名。

啪——！

许多年后，背对着行刑队，末帝姚泓都会回想起那个下午，他的父亲姚兴带病平乱。

280

第十三章

北魏上：代国夏国与开疆拓土

说起十六国这段历史，人们一般的感觉只有一个字——乱！大大小小的政权走马观花似的登场，让人眼花缭乱。而真正终结这一段乱世的，却是一个之前意想不到的小角色建立的政权——北魏，这个小角色就是拓跋珪！

说起北魏的建立，不得不追溯到鲜卑拓跋部和十六国时期的代国。拓跋部原本是鲜卑最落后的部族，定居阴山南麓。一首流传至今的北朝民歌这样描绘他们的阴山岁月：

敕勒川，阴山下。天似穹庐，笼盖四野。天苍苍，野茫茫。风吹草低见牛羊。

拓跋部首领拓跋猗卢早年间曾经帮助西晋击败过匈奴刘渊的进攻，晋朝升拓跋猗卢为代公，后来进位为代王，因此拓跋家族建立的国家叫"代国"。

可惜好景不长，至太元元年（376），前秦皇帝苻坚发重兵攻击代国，代国国王拓跋什翼犍被逆子拓跋寔君所杀，代国灭亡，作为拓跋什翼犍嫡孙的拓跋珪，则被苻坚看中。苻坚本想将其带回长安，经代国旧臣劝说作罢！

代国灭亡后，拓跋珪一度过得很悲惨，他的土地被苻坚划为两块，分别交给了刘库仁（拓跋什翼犍外甥，代国南部大人）和铁弗部刘卫辰管理。好在刘库仁念及旧情，拓跋珪才没有过于落魄。

刘库仁

这孩子骨格清奇，将来光复大业、光耀祖宗，都得靠他啊！

拓跋珪

突然尬舞

淝水之战，苻坚败北，前秦统一的北方一时大乱！而一直辅助拓跋珪的刘库仁，也在混乱中被杀。其后，刘库仁所部情势不稳，拓跋珪不得不出走到母亲一系的贺兰部，纠集旧部，恢复代国，后又称魏国，北魏至此建立（386）。而在这之前，慕容垂也建立了后燕。

拓跋珪

慕容垂

代国奠基

燕国奠基

不过拓跋珪此时建立的北魏，还十分不稳固，即便拓跋珪是有身份的"前代国嫡皇孙"，可独立的部落和野心家，谁会服这个毛头小子？所以北魏一时间强敌环伺。不过拓跋珪也有他的办法。

哟，"龟中密友"在一起泡澡！

慕容爷爷，他们欺负我！他们叫我『脱靶龟』，还称咱们是『龟中密友』！您帮帮我吧！不然他们收拾了我，还得收拾您！

拓跋珪

慕容垂

有了慕容垂的援兵支持，拓跋珪先后扫平了叔父拓跋窟咄和刘显（刘库仁之子）、刘卫辰、高车、柔然等部族，恢复了之前代国的地盘。

平定北方和恢复前代国地盘之后，拓跋珪就向南开启了北魏开疆拓土的征程！首先，他消灭了帮助过自己的后燕。接下来的对手，就是羌族政权——后秦！而他们爆发冲突的借口是——女人。

404 Not Found
对不起，燕国已经消失！

灭燕之后……

那个，岳父大人，我想联姻，这是贺礼，战马一千匹！

姚兴

拓跋珪

大家好，我叫"一千匹"。

慢着，谁允许你叫我岳父了？你已经有皇后了，我的女儿怎么能当普通妃子？这实在太荒唐了！百分之五万没这个可能！

那，改叫您爹地吧……

滚！

请婚不成，拓跋珪干脆大举进攻后秦，结果双方在柴壁一场恶战，拓跋珪大胜！拓跋珪正要乘胜追击，没想到……柔然汗国趁机偷袭了！拓跋珪只得回师平叛。

反叛时

拓跋珪回师后

柔然

成功了！我真是个天才！

噢，不！

而之后，拓跋珪就开始对国内的大臣和宗室们举起了屠刀，一时间，血流成河。拓跋珪此时甚至因为想起大臣旧日的过错，或因为他们举止进退稍差，就开始杀人！

俺错了！

我能怎么办啊！我也很绝望啊！

大臣

拓跋珪

一般认为，拓跋珪此时已经患了精神疾病，而罪因就是寒食散。但也有人认为，拓跋珪实际是在保障自己的中央集权，但寒食散的效力，使得他的手段越来越偏激。同时，拓跋珪为了保障后代接班顺利，延续了汉武帝"子贵母死"的制度。

铲史官

拓跋珪晚年，杀人无数，自己最终也被儿子清河王拓跋绍作乱砍死！

拓跋绍

万人

你你你！原来你们就是清河、万人！

……

裹紧我的小被子。

清河、万人是怎么回事？

小爱

御史官

《宋书·索虏传》记载，一个巫师跟拓跋珪说：你有大祸，得诛清河、杀万人才能幸免。结果拓跋珪灭了清河郡的人。后来，拓跋珪晚上经常更换住处，只有一个小妾知道他在哪儿。结果小妾私通清河王拓跋绍，这个小妾就叫"万人"。

万人

拓跋珪死后，太子拓跋嗣镇压了清河王拓跋绍，继皇帝位，是为明元皇帝。据史书载，拓跋嗣明睿宽毅，选贤任能，整饬内政很有一套，修理柔然还是照常，可惜在开疆拓土方面稍微差点，原因是他遇上了刘裕。

挡其者必死的南朝刘宋开国皇帝——宋高祖武皇帝刘裕！

大坏蛋！
吃老子一拳！

呃……

老子

时值刘裕北伐，从南燕到后秦，无人可挡。拓跋嗣想要出兵，这时候汉族大臣崔浩力排众议出来劝阻。

拓跋嗣

我们现在打不打刘裕呢？

崔浩

我们现在应全力防御柔然，没必要打刘裕，派点部队堵住他的归路就行，等刘裕和后秦二虎相争，咱们就能渔翁得利！否则，我们这么闹下去，将来会很危险。陛下记住了没？

嗯。

陛下记住什么了？

292

呃……

最怕空气突然安静。

虽说不是对手，但拓跋嗣并没有完全成为刘裕的背影，他趁着刘裕南归之时，率部亲征，夺取了黄河南岸要地以及山东青、兖等地，辟地三百里，不过拓跋嗣也在亲征的过程中，因积劳成疾而逝。

父亲……

儿子，剩下的路，你要靠自己。爸爸不能陪你了。

拓跋焘

拓跋嗣

拓跋焘，北魏太武帝，军事能力优秀，十二岁就赴北边六镇抵御柔然；明元帝病重之时，命令拓跋焘总管朝中事务，拓跋焘应对自如。拓跋焘继位之后，重用汉臣崔浩，继续发展国力，这也是他后来能大杀四方的基础。

崔大人，您对于我，就相当于张良之于刘邦，诸葛亮之于刘备，王猛之于苻坚啊！

拓跋焘

请陛下放心，我们关东大族，一定帮助陛下建立不世之功业！

崔浩

随后，拓跋焘就开始了开疆拓土的进程。第一个目标，就是老对头胡夏，时逢赫连勃勃去世，儿子赫连昌继位。拓跋焘召集大臣计议此事，大臣大多不同意，只有崔浩说行。

就这样，拓跋焘直接率领轻骑，抄了赫连昌的老窝，大胜而归。之后，拓跋焘再次征讨赫连昌，在敌城之下，拓跋焘故意露出破绽，收军撤退，赫连昌马上追击，而与此同时，狂风大作！

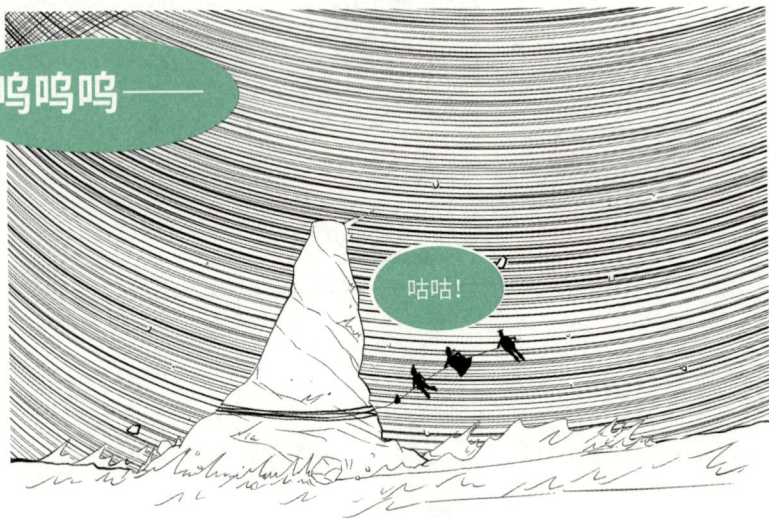

拓跋焘一个回马枪，赫连昌大败而逃，此后胡夏灭亡，赫连昌被擒。啃下了最硬的骨头，下面两个割据政权——北燕、北凉，拓跋焘没费太大力气，就将其灭亡。十六国时代结束，北朝时代开始。

小爱

嗯？北凉？

北凉的确存在，统治者是匈奴沮渠家族。当政的沮渠牧犍娶了拓跋焘的妹妹武威公主，可是沮渠牧犍的情人毒害了武威公主，拓跋焘一怒之下就灭了北凉。

铲史官

原来又是为了一个女人。

是的，嫁给拓跋焘的孙子拓跋濬的，是北燕皇族出身的冯太后，算是位亡国公主。

梦回 北魏

北方告捷，而在南线，拓跋焘也丝毫不手软，三次击败南朝刘宋的北伐，最厉害的一次，打到了长江北岸的瓜步（今属南京市），饮马长江，直接把南朝刘宋的国力打回到元嘉之治之前。

元嘉草草，封狼居胥，赢得仓皇北顾。四十三年，望中犹记，烽火扬州路。可堪回首，佛狸祠下，一片神鸦社鼓。

（辛弃疾《永遇乐·京口北固亭怀古》节选）

刘宋军

瓜步

北魏骑兵

※ 太武帝拓跋焘，字佛狸伐。

辛弃疾

我太有才了，应该参加个中国诗词大会什么的。

但是北方的柔然每次都是降而后叛，仍然让拓跋焘头疼。拓跋焘蔑称柔然人为"蠕蠕"，为此出兵十余次，那真是："万里赴戎机，关山度若飞，朔气传金柝，寒光照铁衣，将军百战死，壮士十年归。"

花木兰

拓跋焘

柔然大坏蛋，把你拉黑，以后漂流瓶联系！

299

怎么听着这词那么熟啊？
莫不是《木兰诗》？

小爱

铲史官

没错，据历史学家考证，花木兰（如果确有其人的话）的军旅生涯，应该就是在拓跋焘征讨柔然的时期。

至北魏太武帝拓跋焘时期，北魏的领土扩张已经达到了极盛，西域诸国也来朝贡。但极盛之下，隐忧亦多——民族问题、农民起义、宗教问题、皇位问题等，所以北魏接下来，会经历痛苦的转型。

扩张五分钟，转型五十年。

天道酬
字写大了

拓跋焘

第十四章

北魏下：成也汉化，败也汉化

上文提到，北魏太武帝拓跋焘接过了江山，继续开疆拓土，北魏一时间达到了极盛，但同时也隐忧不断，各种矛盾交织，甚至直接威胁到了北魏的皇位传承。

祖传拖把要断！

拓跋焘

具体一点说，不断爆发的农民起义，使得中年大叔拓跋焘越来越暴躁。同时，为了和寺庙争夺劳动人口，拓跋焘开始了灭佛行动。

而朝廷之内，胡汉之争愈演愈烈，之前立过大功的汉臣崔浩，也被诛杀。

三大问题

佛教问题

农民起义

胡汉问题

一个对策

杀杀杀！灭灭灭！

轰！

拓跋焘灭佛，是"三武（一宗）灭佛"的开始，实际上就是拓跋焘和北方佛教寺庙争夺人口和财富的斗争。而崔浩被诛，名义上是修国史的问题，实际上是鲜卑贵族和汉臣的矛盾出现了激化。

在这两个问题中，都有太子拓跋晃的身影。

因此，太子拓跋晃和太武帝拓跋焘的矛盾越来越多，中常侍宗爱趁机挑拨，东宫的大批官员被杀，太子拓跋晃忧虑过度而死。随后，宗爱密谋杀害太武帝拓跋焘，干掉可能即位的东平王拓跋翰，扶南安王拓跋余即位，八个月后，又把拓跋余也杀了。

要是以为我是只会传消息的小太监，那就大错特错了。

我怎么说也是完成过北魏皇族四杀的人！

最后，重臣长孙渴侯和陆丽拥立拓跋晃的长子拓跋濬为皇帝，并且诛杀宗爱，北魏的帝位算暂时稳定下来。

※宗爱与一系列宫廷政变的关系，出自正史记载，但疑点多多，史学界仍在质疑。

文成帝拓跋濬在位十三年，息兵养民，史载"有君人之度"。但实际上，北魏的局势仍然紧张，各地叛乱不断，朝堂上的鲜卑贵族也腐败至极，贪腐之事屡禁不止，农民起义时有发生。至继任的献文帝在位五年，情况仍未改观。

要缓和社会矛盾与民族矛盾，汉化并加强中央集权是个不错的选择。所以之后，北魏王朝就开始了汉化改革。

此时是北魏孝文帝（拓跋宏，汉名元宏）在位，所以史称"北魏孝文帝改革"，不过开始的时候，孝文帝只是个孩子，汉化由太皇太后冯氏指导。

冯太后

我是太皇太后冯氏，但我不是这孩子的亲奶奶，这孩子的亲奶奶和亲妈，两个李氏，都是"子贵母死"制度的牺牲品。

小爱

关于冯太后的经历和如何推行汉化政策，此处就不做赘述了。

梦回 北魏

冯太后的汉化改革，主要涉及政治、经济方面，在她的培育下成长的孝文帝，对汉文化更为推崇。冯太后去世后，孝文帝希望继续推进汉化进程，移风易俗。

此时，冯太后的改革虽有效果，但鲜卑保守势力也很强大，在首都平城继续推进汉化改革难度颇大，而且平城位置偏北，离柔然近而离中原远。最终，孝文帝决定要迁都洛阳。

只有离开平城这个保守势力的中心，我才能够汉化成功，治理中原啊！

拓跋宏

不过，提出迁都，必定会遭到鲜卑保守势力的反对，所以孝文帝干脆使了个计策。

我要御驾亲征，攻打南齐。

啪

307

　　最终，孝文帝带着大部分的大臣以及百余万大军出发。至洛阳附近，阴雨连绵，孝文帝强令进军，大臣们苦不堪言，只能劝说孝文帝停止进军。

就这样，孝文帝最终成功迁都洛阳，并且进一步开展了汉化改革，移风易俗，北魏王朝逐步成功汉化。

※ 此时从北魏皇室开始，辖下的少数民族大多改成了汉姓，比如：拓跋——元；独孤——刘；丘穆棱——穆；步六孤——陆；贺赖——贺；贺楼——楼……

太子似乎对孝文帝的改革不太高兴啊?

说得对,此时的很多鲜卑大臣仍然反对汉化,太子元恂就是其中的代表人物。真正支持孝文帝汉化的宗室之中,也就是叔叔拓跋澄、弟弟元勰等几个人。据说后来太子还发动了叛乱,最终被孝文帝镇压,且被废为庶人。

颜值越高
责任越大

经过孝文帝的改革,北魏的民族矛盾有所缓和,同时文化也开始兴盛。

自北魏开始兴盛的魏碑、洛阳龙门石窟,以及《水经注》《齐民要术》等,在历史上还是很有名的。

孝文帝晚年几次征讨南齐，虽取得一定的胜利，但没能灭掉南齐，自己也病逝在征途之中。临终之际，为免后宫祸乱，他赐死了皇后冯氏。此后，新太子元恪即位。

给新皇道喜了，您看我们是不是该还都平城了？

休想！

元恪

我要继承父亲的遗志，扩建新都洛阳，继续汉化！

北魏宣武帝元恪，史称"有人君之量"，在位时，又从南梁手中夺取了四川一带，版图拓展。但他在朝政上遇到了新问题，因为汉化，鲜卑贵族基本丢弃了之前的质朴和尚武精神，更加腐化。

鲜卑贵族卖官鬻爵、侵吞田地等，都导致了北魏后期农民起义不断。但宣武帝元恪最被后世诟病的，则是留下了一个后来扰乱朝政的女人——宣武灵皇后胡氏，这也是元恪废除子贵母死制度的后果。

胡氏

我要学曾祖母
冯太后!
凡事皆有套路!

　　但可惜，晋升为太后的胡氏比冯太后的能力差太多，虽懂佛经，但垂帘听政之时"任用非人，赏罚乖舛"，一时间，朝廷内部乌烟瘴气，"衅起宇内，祸延邦畿"，各地都开始起义，尤其是北部的六镇。

报太后，
北边六镇反了!
大家都反了!

啊……

胡氏

因为北魏北部面临柔然威胁，所以北部六镇多集中了鲜卑军事贵族，鲜卑传统风气浓重。而迁都洛阳后，北部六镇贵族的待遇和升迁都比不上汉化贵族，最终酿成反汉化大起事，北魏甚至借用柔然的力量镇压之。在镇压起义之时，最终获利的是权臣尔朱荣。

史官

　　儿子孝明帝元诩在成长中和胡氏的矛盾不断，他甚至给尔朱荣诏书，让他带兵进洛阳勤王。就在这个时候，孝明帝元诩暴毙，传说是胡氏下毒所致。

啪！

元诩

一切皆有套路！

胡氏

孝明帝暴毙之后，胡氏又立元诩之女为帝，看大家不买账，又立宗室临洮王之子——三岁的元钊为帝，想要继续垂帘听政。尔朱荣岂能放过这个夺权的机会？他即刻立宗室元子攸为皇帝，进兵洛阳！

我尔朱荣跟后赵的石勒、石虎都是羯族人，注定有血性！有人说我像董卓，他董卓算什么！

尔朱荣

尔朱荣攻入洛阳，胡氏临时抱佛脚，借口出家为尼，想要避免杀身之祸。

干掉胡太后，尔朱荣又担心自己在朝中的根基太浅，干脆就让新皇帝元子攸召集朝臣宗室到河阴行宫祭天，然后尔朱荣一声令下，大臣、宗室血流成河！此事史称"河阴之变"！此后，尔朱荣常驻晋阳，遥控朝政。

可恶！
原来尔朱荣
也是乱臣贼子！
我要让你
付出代价！

元子攸

318

还来不及向尔朱荣复仇，元子攸就先迎来了南梁陈庆之的北伐军。而北伐军的任务，就是护送北魏宗室北海王元颢进洛阳称帝。陈庆之的北伐军仅有七千人，却一路破关斩将，杀进洛阳！

我叫陈庆之，我的白袍军是南朝北伐军的一股清流！

陈庆之

元颢占据洛阳六十五天后，陈庆之为了争取战略上的主动，带领不满一万的梁军渡过黄河，和北魏大军展开鏖战。之后陈庆之军在嵩高遇到山洪暴发，伤亡惨重。

幸会，我叫泥石流！

之后，元子攸就开始向尔朱荣复仇，他的计划简单直接，借口皇后（尔朱荣女儿）生孩子，要尔朱荣来祝贺。尔朱荣果然上当进入洛阳，被元子攸杀死了！

三个月后，皇帝元子攸也被尔朱荣的余部砍死在洛阳。

为对抗元子攸，尔朱家族先后立元晔、元恭为帝。不久之后，部将高欢统帅六镇降兵，与尔朱家族决裂，立北魏宗室元朗为帝，双方恶战。最终，高欢取胜，进入洛阳，收拾残局。

高欢进入洛阳之后，干掉了之前的元恭和元朗，立元脩为帝。

不到两年，元脩又与高欢决裂，出走关中，投奔宇文泰。

我比较看好你！

好说，好说。

元脩

宇文泰

次年，元脩被宇文泰所杀。

你要干什么？

没事，没事。

宇文泰另立北魏宗室元宝炬为帝，定都长安。另一边，高欢也立宗室元善见为帝，迁都邺城。北魏正式分裂成东魏、西魏。

你看，我这儿有个正儿八经的皇帝！

巧了，我这儿也有一个……

宇文泰

高欢

好吧，你管你的高老庄。

你管你的流沙河……

第十五章

北齐：为何在后三国时代最先灭亡

前面介绍了北魏的兴衰史，北魏后来分裂成了东魏和西魏，其间，元氏（拓跋氏）皇族处于傀儡状态，权臣自立为帝后分别建立北齐、北周，再加上南朝的梁，中国从此进入后三国时代。

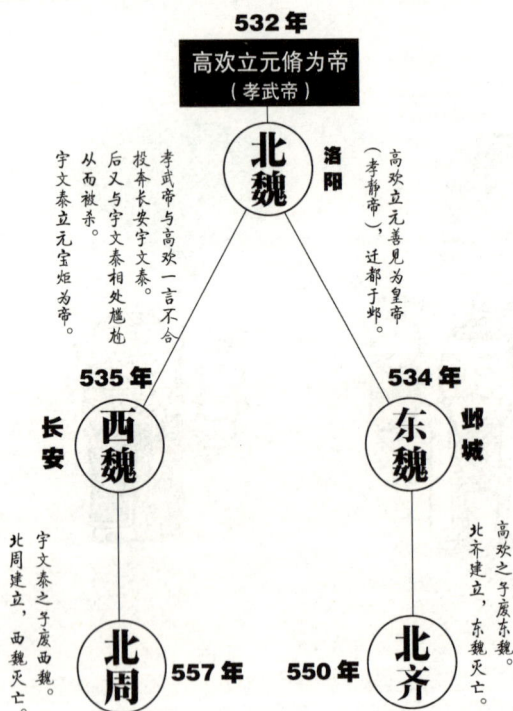

532 年

高欢立元脩为帝
（孝武帝）

北魏　洛阳

孝武帝与高欢一言不合，投奔长安宇文泰。后又与宇文泰相处尴尬，从而被杀。宇文泰立元宝炬为帝。

高欢立元善见为皇帝（孝静帝），迁都于邺。

535 年
西魏　长安

534 年
东魏　邺城

宇文泰之子废西魏，北周建立，西魏灭亡。

高欢之子废东魏，北齐建立，东魏灭亡。

北周　**557 年**

550 年　北齐

南北朝那一段历史纷乱复杂，说起北齐，大家可能印象不深，但有一个人物大家肯定很熟悉，那就是兰陵王高长恭。今天我们就来扒一下兰陵王的家族兴衰史，也就是东魏—北齐的兴衰史。

兰陵王入阵曲舞乐图

高长恭的爷爷高欢是东魏权臣兼北齐奠基人。高氏先祖曾做过西晋的太守，北方游牧民族内迁后高氏家族留在北边，侍奉过慕容氏和拓跋氏，可以说是鲜卑化的汉人。高欢早年落魄，曾参加北魏的六镇起义。

"兄弟，最近做何工作？"

"三维矩形混凝土移动工程师。"

"说人话。"

"搬砖。"

帅得让人想嫁！

高欢

姜昭君

※ 姜昭君，北魏真定侯姜提的孙女。后为高欢之妻。高欢发迹即由此相遇开始。

起义失败后，高欢叛逃到了契胡（羯胡）首领尔朱荣的麾下。尔朱荣同时又是北魏权臣，在洛阳废立皇帝，像东汉末年的董卓一样，权倾一时。此时，高欢仅仅是尔朱荣麾下一将领，负责分化瓦解其他的起义军。

报告大丞相，葛荣起义军又被欢欢我拉过来一部分！

高欢

哦，真棒。皇上定会"点赞"加赏赐。

会的会的！

尔朱荣

元子攸

挤出微笑

六镇起义虽然被镇压下去了，但尔朱荣对付降兵的手段有限，只是将他们迁离草原。到了中原的降兵（鲜卑、匈奴、高车、氐、羌等族）不会耕种，又受到尔朱荣部众——契胡部落的欺压，所以仍然起义不断。

六镇降兵

投降可耻但有用，
种田有用但不会。

朝堂之上也风起云涌，北魏孝庄帝元子攸不甘步汉献帝的后尘，设计把尔朱荣砍死，不过元子攸也被尔朱家族的其他人干掉，此后掌握北魏政权的是尔朱荣的侄儿尔朱兆。

此时，六镇降兵在河北屡屡造反，有勇无谋的尔朱兆头痛不已，向高欢征询意见。高欢认为，降兵反叛不休，又不能全部杀掉，应选心腹之人去统领他们，再有反叛，就归罪其将领。

老大，应选心腹之人去统领他们。

高欢

尔朱兆亲信

尔朱兆

那……
派谁去呢……

尔朱兆的亲信不知是计，当即在旁建议，让高欢去统领六镇降兵。高欢佯装大怒，起身一拳打得尔朱兆的亲信满嘴冒血，门牙落地。尔朱兆很感动，觉得高欢忠心耿耿，就趁酒劲宣布高欢为六镇降兵的统帅。

老大，让高欢
去如何?

耿直的亲信

逆他

说得好!

闭嘴!
你这逆臣!

大王没发话，
岂能轮到你说三道四，
你是什么东西?

高欢

还是欢欢懂得维护我这个核心的权威……

尔朱兆

你这逆臣！

与同事"打成一片"

　　高欢心中大喜过望，一直以来在尔朱氏手下混事，缺的就是自己能直接指挥的军队。天赐良机，高欢立刻驰奔阳曲川，建立统军大营。六镇降兵一向厌恶尔朱氏和他手下的契胡兵士，很快就奔赴高欢处集合完毕。

不久，高欢上书尔朱兆，表说山西霜旱灾多，兵士没有粮食，请求移师山东，解决军粮问题。高欢本意是远离尔朱兆，摆脱他的威胁和控制。尔朱兆手下见书立即劝说不可，而有勇无谋的尔朱兆却把手下关进牢房，（简直帮了大忙！）下令高欢移军山东。

监狱

哐当！

我待你犹如亲朋挚友，你却把我真心喂了狗。

就尔朱兆这智商，简直就是闷声作大死，还是遁走为妙！

月光下飞奔在瓜地里的高欢部

高欢率军自晋阳出发，中途遇见尔朱荣的妻子带着大车小车的财物从洛阳返山西，又有好马三百匹，就派兵把马匹全都换掉。尔朱兆听说婶母财物被夺，勃然大怒。由此，高欢和尔朱氏分道扬镳！

好马配好鞍，好鞍配高欢。我们要防盗贼，没有别的意思。

高欢！你还我婶子的马！

此后，高欢在信都一带蛰伏待机，争取手下六镇降兵支持之后，举起义旗，讨伐尔朱兆，一时间，所向披靡！

高欢

义旗

兄弟们，尔朱兆要让你们做炮灰攻打稽胡，他手下还要抢你们的物资！就问你们还能忍不？能不？

最终，高欢带领手下，直下洛阳，途中数次击败尔朱兆，最终在沮水一带，击破尔朱兆的二十万主力，进入洛阳，另立新皇帝。高欢也借此彻底控制了北魏政权。

曹操曾经挟天子以令诸侯，我今天也行！哈哈哈哈哈哈！

元修

高欢

爱笑的人运气不会差，运气差的人也笑不出来。

好景不长，新皇帝元修也和高欢矛盾重重，两人彻底决裂后，元修去关中投奔权臣宇文泰，却被宇文泰毒死。

　　因为东、西魏并立，高欢和西魏权臣宇文泰就结下了梁子，高欢倚仗手下多是六镇降兵，军事素质较高，多次进攻西魏，但并没占到什么便宜，结果高欢因此忧郁而亡。

高欢死后，长子高澄继任大丞相。高澄性聪静，多筹策，整顿吏治，提拔了部分能人，军事上挫败了侯景的叛乱，又吞并了两淮地区。不过，高澄执政仅两年，就被自己的厨子兰京刺杀身亡，而后高洋上位。

来也匆匆，去也匆匆

高洋是高欢的次子，模样虽然难看点，看似痴傻，可实际上大智若愚、聪慧过人。他上来的第一件事，就是迫使傀儡皇帝元善见禅位，建立北齐，是为北齐文宣皇帝。

高洋在位时期，可以算是北齐的巅峰，数年之内，北击库莫奚，东北逐契丹，西北破柔然，西平山胡，南逐淮南（南梁城池），地盘扩展得非常之快。

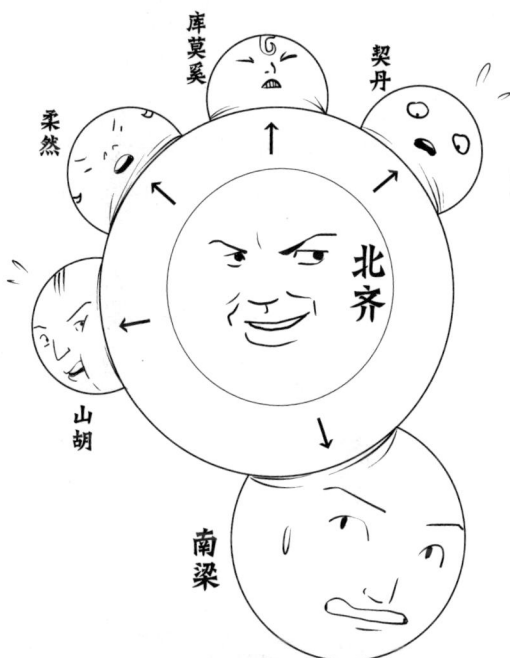

可以说非常牛了。

铲史官

高洋在位时期，有三大特色：
1. 军事强悍；
2. 善于拆字；
3. 暴虐淫乱。
下面我们来看看后两个。

　　北齐建立时，为了保佑江山永固，有大臣提议叫天保。结果高洋就开始了拆字大法，分成了"一大人只十"，预言自己能做十年皇帝。

高洋

你们只需记住，天保不是天线宝宝的简称。

天保
←
一大人只十

嘴炮功能开启

338

陛下，为何不是「一大人呆」？

监狱

哐当！

而听说侯景在南梁叛乱时，高洋又开始了拆字大法。

高洋

侯景嘛，就是"小人百日天子"，也就能在金殿住一百天吧！

报告陛下，侯景撤出建康，从叛乱开始，正好一百天！

众臣皆惊唯我独乐

至于暴虐淫乱，这似乎是北齐皇帝的普遍特色，高洋在其中算是佼佼者了，最著名的故事，就是辱骂母亲、残杀大臣等。朝堂之上，群臣战战兢兢。

高氏一家的情况真够乱的，这是鲜卑化的后果吗？

鲜卑人也没这么夸张，有人怀疑高氏家族有精神病遗传，所以整个北齐王朝，皇帝一个比一个疯，咱赶紧走吧，我可舍不得你被高洋抓走。

简直是北齐版刘子业。

铲史官

小爱

　　高洋在位十年，因酒色过度而亡，太子高殷继位。新皇帝高殷的汉化程度较高。他重用汉人，鲜卑贵族因而不满，高洋之弟高演、高湛趁机发动政变。此后高演继位。高演两年而崩，皇帝之位传给了弟弟高湛。

　　高湛虽有帝王之量，但任用小人，酒色过度。他这一朝比较著名的事件有：逼奸皇嫂李祖娥（兄长高洋皇后），默许奸臣和士开和自己的皇后私通，杀掉侄子高百年（高演之子），任用女官陆令萱，等等。

没错！我是个大红人，很多人认识我。

陆令萱

高湛在位四年，即告退位，太子高纬继位。此时高纬大约十岁，政事就依靠他最信任的乳母陆令萱、大臣穆提婆、和士开、高阿那肱等人，经过这些奸臣几年的"努力"，北齐朝纲紊乱，民力凋尽，国力空虚。

奸臣三人组

高纬

陆令萱

来吧，一起快活吧！
安安心心地继续看着国家败亡。

除了重用奸臣，把国力搞弱，高纬又开始自毁长城。此时的北齐，军事实力已经衰落，和北周相比并不占优势。好在朝中还有两大支柱——斛律光、兰陵王高长恭，可高纬偏不珍惜，将他们诛杀了！

可叹我鞠躬尽瘁，一心为国，竟然死在自己人的弓弦之下！

斛律光

兰陵王高长恭是高湛第四子，貌柔心壮，音容兼美。邙山之战，高长恭为中军，率五百骑兵入北周军包围圈，直至金墉城下，成功解围。此后他威名大振，士兵们为此战而讴歌他，即后来知名的《兰陵王入阵曲》。

高纬

这样冲进敌阵之中，如果不小心发生意外怎么办？

国事就是我们的家事，在战场上我不会想到会出意外。

高长恭

后主高纬因为他说的"家事"，又听到士兵们唱的《兰陵王入阵曲》，便开始猜忌高长恭。高长恭开始收取贿赂，希望通过自污来消除猜忌，但并没有效果。

高纬

国事是你的家事？那我算啥……是不是要夺我位？

记仇

后来高纬派遣使者送毒酒给高长恭，高长恭作别自己的妃子郑氏后，饮毒酒而死。死后朝廷追赠其为太尉，谥号忠武。

我对国家如此忠心，哪里有辜负皇帝，而要赐我毒酒？

皇帝怎么可能会见我？

为什么不亲自当面去跟皇帝解释呢？

他的良心不会痛吗？

兰陵王别姬图

兰陵王

郑氏

对不起，您拨打的用户已经不在人世。

可叹我心中最帅的兰陵王，就这么死了。

小爱

政治乌烟瘴气，军事自毁长城，北齐已无药可救。对手北周在公元 576 年大举征伐北齐，而面对北周的进攻，皇帝高纬仍然没放在心上，只顾哄着自己的淑妃冯小怜。

等听说晋州失陷，高纬急忙带兵复仇，想要重夺晋州。结果在打得最激烈之时，高纬为了哄冯淑妃高兴，甚至暂停进攻，等她到场观看。这种贻误战机的行为，自然使得北齐的行动彻底失败。

最终，北周军队包围了北齐的都城——邺城。此时的高纬为了避免做亡国之君，就把皇位传给了八岁的长子高恒。但这无济于事，北齐最终灭亡，是年为公元 577 年，北齐国祚二十七年。

北齐灭亡之后，高纬等人被押送至长安，不久就被扣上谋反的帽子，一锅端了。而北齐宫妃的结局更令后人唏嘘：高纬之母胡太后和皇后穆氏，据说沦为娼妓；淑妃冯小怜改嫁，仍然与人争风吃醋。

第十六章

北周：一个奠定隋唐盛世前奏的
悲情朝代

永熙三年（534），北魏分裂成东魏和西魏，名义上依然是鲜卑拓跋部建立的政权，但真正的主宰者，是站在身后的两个枭雄，鲜卑化的汉人高欢，和他一生的知音与对手——鲜卑化的匈奴人宇文泰。

作为北周的开国皇帝，以及魏周隋唐第一豪门——武川军事贵族集团的创始人，《周书》未能免俗地给宇文泰抹上了神话色彩，说宇文泰的母亲王氏在临产前，梦到自己抱孩子飞上了天。

宇文泰表字黑獭，取黑色水獭作为字，一看就知道没啥文化。和历史上的刘邦一样，除了母亲临产之际的那个梦，宇文泰只是出身普通的草根，身上也有大面积的黑痣，性格豪爽大度，整天不事生产。

宇文泰

背上这个盘龙黑痣，就是我注定不凡的标志！

这黑黑一坨怎么能看出是盘龙来？

肉眼凡胎，岂能窥视仙人变幻！

天命？

宇文泰比高欢小了十岁左右，初入"江湖"的时间却差不多。大家都是出来混的，论人品谁也高不了多少，高欢发现老大不成器时，想杀掉老大，事败骑牛狂奔。宇文泰稍微有些人情味，只是密谋出逃。

高欢和宇文泰一前一后，跟着两个"江湖大哥"混。高欢踹掉前大哥葛荣投靠尔朱荣之后，宇文泰后脚跟进。

嗯。

老板，这是我的简历。

尔朱荣

高欢

等高欢跳到了尔朱荣阵营后不久，因为葛荣被灭，宇文泰也来到了尔朱荣的帐下讨饭吃。

尔朱荣虽然没杀宇文泰，却寻个借口杀了宇文泰的三哥。

对宇文泰来说，他政治生涯中真正的贵人，是北魏丞相尔朱荣身边的红人——强弩将军贺拔岳。贺拔岳祖上也是武川人，和宇文泰私交很好。贺拔岳率兵出讨乱军时，就带上了宇文泰。

不久，贺拔岳被高欢暗算，六镇同侪拥戴近水楼台的宇文泰（夏州刺史）做军事领袖，宇文泰击败了高欢的人，占据长安，从而得以宰制关陇。北周隋唐以来著名的关陇集团，即将走上历史舞台。

此后高欢取代尔朱荣的权臣之位，北魏孝武帝元脩不堪凌辱，与高欢决裂，带着部分人马入关中，投奔宇文泰，随即加封宇文泰为大将军。

之后，宇文泰毒
死皇帝元脩，另立宗
室元宝炬为皇帝。

闹了半天，高欢
和宇文泰是一路
货色！

至此，曾经累世强盛的北魏王朝彻底分裂成一东一西两个互相独立又互相仇恨的政权，留下一堆历史碎片，让后人凭吊。

史官

起初东、西魏并立，优势在高欢一边。东魏人口众多，士兵也多是六镇余脉，数量、质量均占优势，所以高欢率先对西魏发起攻击。宇文泰虽然兵力不足，但靠着集中主力的方式，先后在小关、沙苑、金墉城三战之中击败了高欢！

高欢

算你厉害，你等着我的！

宇文泰

别看我赢了，也真累！

随后，双方又展开了邙山之战，而这一战的导火线是高欢长子高澄，他调戏了手下北豫州刺史高慎的老婆，高慎一怒之下，投降宇文泰。东魏、西魏为此在邙山展开大战。最激烈之时，宇文泰单骑逃脱，高欢也险被箭射中。

邙山之战，最终宇文泰战败，兵力损失大半！武川镇鲜卑军团损失过大，宇文泰不得不补充汉族豪强子弟，于是仿照了鲜卑部落制度，创立府兵制。

我有把锄头！

我有把刀！

嗯！有了！

大家在农隙训练，
战时从军打仗。

北魏汉化改革后，武川镇的军人地位有所下降，宇文泰等于在心理上，满足了他们鲜卑化的需求，但不可能真正让他们的地位同从前一样。

宇文泰在府兵制基础上，建立了八柱国、十二将军。在八柱国之中，宇文泰地位超然，属于领队的老大；西魏宗室挂名，没有实权；下面的六柱国，每人下属两大将军，这才是军队核心，也是西魏朝廷的柱石。

我的后代杨坚建立了隋朝！

十二将军之

杨忠

我的后代李渊建立大唐！

八柱国之

李虎

我的后代李密是瓦岗军首领！

八柱国之

李弼

八柱国之

独孤信

我是金牌岳父，宇文毓是我女婿，杨坚是我女婿，李渊是我外甥！

在实行府兵制之后，西魏的军力已经开始恢复，在后来的玉壁之战中，西魏再度击败高欢，高欢因此忧愤而死。而经由此战，汉家子弟韦孝宽等人，也开始崭露头角。

哈哈哈！关陇集团不光有鲜卑人，更有我汉家子弟！

韦孝宽

361

此后，宇文泰又镇压了西魏宗室的政变，进行复古改制，依据《周礼》制定的新官制仪典"装饰"朝廷，自任太师、大冢宰。宇文泰病逝之后，权力集中在侄子宇文护手中。宇文护拥立宇文泰嫡子宇文觉，称其为天王，建立北周。

我是宇文护，
虽然我位高权重，
但我是一心为
我叔啊！

宇文护

哐当！

正如我所说，
我位高权重，
有把屠龙刀在身边，
也很合逻辑……

北周建立后，宇文护的权臣倾向更加明显，比宇文泰有过之而无不及。因为权力之争，宇文护先诛杀了柱国之列的赵贵、独孤信，然后又干掉了不听话的天王宇文觉，毒杀西魏末帝元廓，操纵权柄。

为什么要
逼我杀人……

随后，宇文护又立宇文泰庶长子宇文毓为帝，本以为好控制，可没想到，宇文家族对权力都有极大的欲望，宇文毓登位之后，仍然想夺回权力。

老臣把大权
还给陛下吧？

好啊！

宇文护

宇文毓

最终，宇文护再立叔叔宇文泰的四子宇文邕为皇帝，这就是后来的北周武帝。宇文邕心机颇深，不与宇文护正面较量，而是潜心积攒实力，等待时机。一直隐忍十二年，最终成功刺杀宇文护，夺回大权！

宇文邕夺回大权之后，整顿朝政，要继续对老冤家北齐开战，在此之前，他需要做一系列准备。外交上，南和陈朝，北通突厥；军事上，吸收均田制下的汉族农民，扩充兵员。再有，就是灭佛！

历史上有"三武（一宗）灭佛"，这是第二次了吧？

小爱

没错。当时的佛教寺庙占有了大量田地和人口，直接使得国家控制的土地和劳动人口数量下降。强势的皇帝为了尽快增强国力，就选择向佛教下手，北周武帝宇文邕就是其一。

钤史官

北周的国力逐渐增强，随后宇文邕大举起兵，征伐北齐。北齐自我折腾，国力一天不如一天，高纬宠信奸臣，自毁长城，北齐几乎无抵抗之力，很快就被北周灭掉了！

哈哈！北方终于统一了！下面我要北击匈奴，南征陈朝，一统天下！

宇文邕

一代雄主北周武帝宇文邕乐极生悲，在北伐突厥的征途中，不幸病亡，时年三十六岁，皇位由宇文赟继承。

大业未成，未成啊。

宇文赟可以说是父亲严管之下的熊孩子，既继承了宇文家族对权力的渴望，又穷奢极欲，颇有作死之相。

过度的酒色生活掏空了宇文赟的身体，他继位一年后禅位给长子，自己继续作死，二十二岁就人死灯灭了。一时间，北周朝廷幼主临朝，政事皆听命于皇太后的父亲——大司马杨坚。

杨坚独揽大权，自然受到了北周部分宗室的记恨。杨坚一点不客气，一一收拾完毕，又利用老臣韦孝宽，击败了叛乱的尉迟迥，至此与皇室相关的力量基本被铲除干净。公元 581 年，杨坚迫使小皇帝禅让，宇文家族被诛，北周灭亡，隋朝建立！

这是多么欢乐的一件事啊！

杨坚

小家伙，该上路了！

宇文阐